# 공병우

한글을 사랑한 괴짜 의사

**지은이 김은식**

대학에서 정치학과 사회학을 공부했고, 월간《우리교육》과 인터넷신문 '오마이뉴스'를 비롯한 여러 매체에 글을 썼습니다. 라디오에서 한국 프로야구 선수들을 재조명하는 '야구의 추억'을 방송했고, EBS에서 글쓰기 강의를 했습니다. 지은 책으로《이회영, 내 것을 버려 모두를 구하다》《장기려, 우리 곁에서 살다 간 성지》《야구의 추억》《해태 타이거즈와 김대중》《두산베어스 때문에 산다》들이 있습니다.

**그린이 이상규**

어려서부터 만화 그리기를 좋아했고, 신한은행 새싹 만화 공모전에서 입상하여 만화가가 되었습니다. 지금은 어린이책에 그림을 그리고 있습니다. '마법의 두루마리' 시리즈를 비롯해《네버랜드 미아》《숲자연학교에 가자》《큰 그림으로 보는 우리 역사》《전태일, 불꽃이 된 노동자》들에 그림을 그렸습니다.

**한겨레 인물탐구 · 9**

**공병우** 한글을 사랑한 괴짜 의사

© 김은식, 이상규 2012

**초판 1쇄 발행** 2012년 8월 27일 | **8쇄 발행** 2024년 6월 24일

**지은이** 김은식 | **그린이** 이상규 | **펴낸이** 이상훈 | **편집** 한겨레아이들
**디자인** 골무 | **마케팅** 김한성 조재성 박신영 김효진 김애린 오민정
**펴낸곳** (주)한겨레엔 | **주소** 서울시 마포구 창전로 70 (신수동) 화수목빌딩 5층
**전화** 02-6383-1602~3 | **팩스** 02-6383-1610
**홈페이지** www.hanibook.co.kr | **이메일** book@hanien.co.kr
**출판등록** 2006년 1월 4일 제313-2006-00003호

ISBN 979-11-6040-978-9 73990
   978-89-8431-366-8 (세트)

- 값은 뒤표지에 있습니다.
- 이 책의 일부 또는 전부를 재사용하려면 반드시 저작권자와 (주)한겨레엔 양측의 동의를 얻어야 합니다.
- KC마크는 이 제품이 공통안전기준에 적합하였음을 의미합니다.
⚠ 책 모서리에 다치지 않도록 주의하세요.

# 공병우
## 한글을 사랑한 괴짜 의사

김은식 글 | 이상규 그림

한겨레아이들

| 지은이의 말 |

# '글눈'을 뜨게 한 안과 의사

1975년 '한글기계화전시회'에서 공병우 타자기를 시연해 보이는 공병우 박사(오른쪽 첫 번째).

혹시 외국인 친구를 사귀게 된다면, 그래서 그 친구에게 우리나라의 자랑거리를 설명한다면, 어떤 이야기를 하겠니? 여러 가지가 있겠지만, 내가 늘 강조하는 건 바로 전 세계에서 가장 낮은 문맹률이야. 글을 읽을 줄 모르는 사람의 수가 가장 적은 나라가 바로 우리나라라는 얘기지.

문맹률이 낮다는 건 왜 중요할까? 우리나라는 글을 전혀 읽고 쓸 줄 모르는 사람을 만나기가 쉽지 않아. 그래서 너무나 당연하게만 느껴지고, 그게 왜 좋은 것인지에 대해서도 생각해 볼 기회가 많지 않지. 하지만 다른 나라의 사례를 보면 생각이 달라질 거야. 아프리카의 니제르라는 나라는 국민의 85%가, 아시아의 파키스탄이나 네팔도 절반이 넘는 사람들이 글자를 읽지 못해. 인도는 30%, 중국은 10%쯤 된다고 하고. 물론 경제적으로 부유해서 국민이 교육 혜택을 충분히 받을 수 있는 나라들은 훨씬 사정이 나아. 하지만 아시아에서 가장 잘사는 나라 중 하나인 싱가포르도 7.5%의 사람들이 글자를 읽지 못하지. 전 세계 문맹률을 평균적으로 따져 보면 대략 20%쯤 된다고 추정하기도 해. 그것과 비교하면 글자를 읽고 쓸 줄 모르는 사람이 1%도 되지 않는 우리나라는 정말 특이한 경우라고 할 수 있지.

문맹률이 높은 나라들은 여러 가지 어려움을 겪고 있어. 우선 글자를 읽고 쓸 줄 모르는 사람들이 많다 보니 학교에서 수준 높은 교육을 하기 어렵고, 글자를 아는 사람과 모르는 사람 사이에 빈부 격차도 심하게 나타나기가 쉽지. 사람들끼리 서로 소식을 주고받거나 함께 의논

하면서 뜻을 모으기도 굉장히 어려워. 신문이나 인터넷을 통해 기사를 읽지 못하는 사람들이 많아서 제대로 토론을 할 수가 없는 거야. 인도 같은 나라에서는 선거를 할 때 투표용지에 적힌 후보자의 이름을 읽지 못하는 사람들이 많아서 정당을 상징하는 그림을 함께 표시하기도 한대.

하지만 문맹률이 낮은 우리나라에서는 새로운 문물을 받아들이거나 기술을 배우는 것이 아주 빠르게 이루어지지. 원래 출발은 늦었던 인터넷과 정보 통신이 불과 십여 년 만에 세계에서 제일 앞서게 된 중요한 이유 중 하나가 바로 낮은 문맹률이야. 중요한 일이 있을 때마다 국민들이 참여해 의논할 수 있고, 사람들이 책이나 신문을 많이 읽을 수도 있기 때문에 문화도 더 풍성하게 발전할 수 있었어.

그렇다면 우리나라가 이렇게 문맹률이 낮은 나라가 될 수 있었던 이유는 무엇일까? 우선 우리 한글이 누구나 배우기 쉽고 쓰기 쉬운 우수한 글자이기 때문이야. 집현전 학자들과 함께 한글을 창제한 세종대왕 덕분이지. 하지만 이 책에서 소개하려는 분도 빼놓을 수 없단다. 바로 공병우 박사야.

공병우 박사는 한글을 빠르고 예쁘게 쓸 수 있는 실용적인 타자기를 만든 분이야. 타자기란 글자를 찍어 내는 기계야. 지금 너희들이 사용하고 있는 컴퓨터의 할아버지쯤에 해당한다고 할 수 있어. 지금의 컴퓨터와 비교하면 조금 느리고 불편했지만, 손으로 직접 글씨를 쓰는 것보다는 훨씬 빠르고 정확했지.

옛날처럼 큰돈과 많은 사람들의 힘을 동원해야만 책이나 인쇄물을 만들 수 있다고 생각해 봐. 돈도 없고 힘도 없는 평범한 사람들은 그저 그것을 만들 수 있는 권력자나 부자들의 생각만 알고 따를 수밖에 없었을 거야. 하지만 공병우 박사가 실용적인 한글 타자기를 개발한 덕분에 이전보다 훨씬 쉽고 빠르게 책이나 인쇄물을 만들 수 있게 되었어. 보다 쉽게 자신의 지식이나 생각을 담은 글을 써서 알리고, 많은 사람들이 그것을 쉽게 읽게 된 거야. 온 나라 사람들이 한글을 더 많이 접하면서 배우고, 많은 것들을 읽어서 알게 되고, 혜택을 받게 됐지.

공병우 박사는 원래 사람의 눈을 치료하는 안과 의사였어. 하지만 우연한 기회에 한글의 소중함을 깨닫게 됐고, 결국에는 한국 사람 모두의 글눈(글을 보고 이해하는 능력)을 뜨게 해 주기 위해 한글 타자기를 만들고 한글 기계화에 앞장섰지.

자, 지금부터 어느 시골 마을의 팔삭둥이로 태어난 고집 센 아이가 어떻게 의사가 됐고, 또 어떻게 한글 학자가 됐는지, 다시 어떻게 발명가가 됐는지 이야기해 줄게. 바로 너희가 읽고 있는 이 책이 이렇게 쉽고 아름다운 글자로 인쇄되어 모두에게 빠르게 전달될 수 있었던 것 역시 어느 만큼은 공병우 박사 덕분이라는 점을 생각하면서, 천천히 읽어 봐.

김은식

# 차례

지은이의 말　4

## 1. 고집쟁이 시골 소년, 의사가 되다
외양간 바닥에서 태어난 팔삭둥이　13
가슴에 품은 꿈　17
졸업장 하나 없는 의학 박사　29

## 2. 두 번째 도전, 발명가
한글을 만나다　39
그래, 내가 직접 만들어 보자　48
실용적인 한글 타자기의 탄생　53

## 3. 타자기에 바친 삶

전쟁과 타자기　67

타자기 사이의 삶과 죽음　71

한글 타자기 열풍이 불다　77

## 4. 끝없는 도전

잘못된 일에 맞서 싸우다　85

민주적이고 과학적인 표준을 세우기 위하여　89

모두를 이롭게 하는 삶　101

고집불통 괴짜 발명가의 멋진 삶　110

# 1. 고집쟁이 시골 소년, 의사가 되다

## 외양간 바닥에서 태어난 팔삭둥이

지금으로부터 백 년쯤 전에 있었던 일이야. 추운 겨울밤, 평안북도 벽동이라는 마을의 어느 집 외양간 앞에서 한 아주머니가 갑자기 배를 움켜쥐고 비명을 지르며 쓰러졌어. 하루 앞으로 다가온 설음식을 장만하느라 하루 종일 힘든 일을 해야 했던 아주머니는 해 질 무렵에도 쉬지 못하고 여물을 끓여 소에게 먹이던 중이었지. 아주머니는 배가 남산만큼 부풀어 올라 있었어. 여덟 달 동안 자란 아기가 둘씩이나 배 속에 들어 있었거든. 아기를 낳을 때가 다가오고 있는데도 차례와 명절 손님맞이 준비 때문에 쉬지 못한 데다가 무거운 여물 그릇을 옮기느라 무리한 힘을 쓰자 갑자기 배가 아파 오기 시작한 거야.

백두산과 압록강이 그리 멀지 않은 북쪽 지방의 겨울은 엄청나게 추웠어. 집 안에 있던 시어머니는 나이가 너무 많아 소리를 잘 들을 수가 없었지. 그렇게 귀가 어두운 데다가 찬바람을 막으려고 유독 단단히 문을 닫고 있었기 때문에 며느리가 외양간에서 지르는 비명을 들을 수가 없었어.

결국 여물 그릇을 안고 쓰러진 아주머니는 그대로 외양간 앞에서 아기를 낳아야 했단다. 찬바람이 쌩쌩 부는 한겨울, 쇠똥이 널려 있는 더러운 흙바닥에서 정신을 잃고 쓰러진 엄마의 몸에서 태어난 아기.

공병우

평안북도 벽동군 성남면에 있었던 공병우 박사의 생가.
공병우는 1907년 1월 24일 이 집의 외양간 바닥에서 태어났다.

그 상황에서 단 몇 분만 늦었더라도 아기는 그대로 얼어 죽고 말았을 거야. 하지만 천만다행으로 마침 외출했던 시아버지가 돌아오다가 그 모습을 보았어. 며느리와 아기는 얼른 방으로 옮겨졌고, 방 안에서 또 한 명의 아기가 태어났지. 열 달을 다 채우지도 못하고 일찍 세상으로 나온 두 아기 중에서 몇 분 먼저 외양간 앞에서 태어나 쇠똥 위를 뒹굴던 아기는 살아남았지만, 나중에 방 안에서 태어난 아기는 얼마 못 가 이름도 얻기 전에 하늘나라로 떠나고 말았어. 그렇게 천신만고 끝에 태어나 살아남은 아기가 바로 나중에 안과 의사로서, 한글 타자기 발명가로서, 그리고 사회 사업가로서 많은 사람들의 눈을 뜨게 해 준 공병우라는 분이야.

공병우의 할아버지는 농사일을 열심히 해서 꽤 많은 재산을 모았고, 아버지는 그 재산을 밑천 삼아 장사를 해서 더 많은 돈을 벌었어. 평안북도 벽동은 우리나라와 중국의 국경에서 가까웠기 때문에 부지런히 국경을 넘나들며 물건을 사고팔면 큰돈을 벌 수 있었지. 외양간 앞에서 태어난 팔삭둥이가 살아남을 수 있었던 것은 어쩌면 그렇게 넉넉한 집안에서 태어난 덕분인지도 몰라. 할아버지는 나중에 공병우에게 '산삼을 사다가 달여 먹인 덕분에 너를 살릴 수 있었다.'고 말씀하시곤 했거든.

꼭 그런 건 아니지만, 가정환경은 사람의 성격에 영향을 미치는 경우가 많아. 그렇다면 넉넉한 집안 형편과, 태어나자마자 죽을 고비를 넘겼던 사연은 공병우의 성격에 어떤 영향을 미쳤을까? 금방 세상을 떠난 쌍둥이 동생을 포함해 무려 8명이나 됐던 형제들 중에서 공병우는 집안 어른들의 사랑을 가장 많이 받고 자랐어. 할머니는 늘 맛있고 영양가 높은 음식을 따로 숨겨 두었다가 몰래 내주곤 했고, 할아버지는 아기가 돌림병에라도 걸릴까 봐 사람들이 많이 모이는 남의 집 잔치나 제사에도 가지 못하게 할 정도였지. 어렵게 태어나서 살아남은 아이인 만큼 더 소중하고 애틋하게 느꼈기 때문일 거야. 게다가 동네에서 제일 잘살던 집안의 어른들로부터 그렇게 편애를 받다 보니 누구에게도 싫은 소리를 듣지 않는 귀공자로 자랄 수밖에 없었지. 공병우가 고집 세고 급한 성격이었던 것은 그런 환경하고도 분명히 적지 않은 관계가 있을 거야.

## 가슴에 품은 꿈

아기가 조금씩 건강을 회복하고 자라는 사이, 우리나라는 커다란 시련을 겪기 시작해. 공병우가 네 살이던 1910년, 일본이 우리나라의 황제와 대신들을 총칼로 협박해 강제로 국권을 빼앗아 버린 거야. 그 아이가 조금씩 철이 들 무렵이던 1919년에는 3.1운동을 일으켜 나라를 되돌려 달라고 외치는 우리나라 사람들의 요구를 또다시 총칼로 짓밟고 정말 우리나라를 완전히 일본의 한 부분으로 만들려고 했어. 우리나라의 교육제도를 모두 일본식으로 바꾸기 시작한 것도 그런 계획의 일부였지. 공병우가 열세 살이 될 때까지 길게 땋아 내린 머리를 출랑거리며 다니던 서당이 하루아침에 문을 닫았고, 대신 일본인 선생님들이 가르치는 학교가 세워졌어. 공병우도 긴 머리를 짧게 자르고, 보통학교(지금의 초등학교) 1학년부터 다시 공부를 시작해야 했지.

그런데 그런 신식 교육이 오히려 공병우에게는 딱 맞았어. 서당에서는 공자님, 맹자님이 쓴 책의 한문을 뜻도 제대로 모른 채 읽고 또 읽어야만 했기 때문에 성질 급한 공병우에게는 고역이었지. 원래 옛날 어른들은 책의 내용을 하나하나 설명하면서 이해시키기보다는 끈기 있게 읽다 보면 그 뜻을 스스로 깨닫게 된다고 가르쳤거든. 하지만 일본식 학교에서는 수학, 과학 같은 서양 학문들을 차근차근 설명하면서 가르쳐 주었어. 또 서당에는 없었던 체육 시간이 따로 있어서 운동장에 나가 뛰어놀 수 있었던 것도 외향적이고 활달했던 공병우에게 딱 맞았지.

하지만 갑자기 새로 세워진 학교는 선생님도 부족했고 교실이나 교과서 같은 것도 모두 부족했어. 그래서 공병우가 살던 동네의 학교에서는 2학년까지만 가르쳐 줄 수 있었어. 따라서 대부분의 아이들은 2학년까지 공부를 마친 뒤 집에서 농사일이나 도우면서 자랄 수밖에 없었지. 하지만 집안이 넉넉했던 공병우는 더 높은 학년까지 가르쳐 주는 먼 곳의 학교들로 옮겨 다니며 5학년까지 공부할 수 있었어.

공병우는 그렇게 머리가 좋은 편도 아니었고, 공부를 열심히 하는 학생도 아니었어. 보통학교 5학년을 마친 뒤 오늘날의 중학교와 고등학교를 합친 것과 같은 신의주고등보통학교에 입학시험을 쳤지만, 보기 좋게 떨어지고 말았지. 그래서 결국 시험을 치르지 않고도 들어갈 수 있었던 의주에 있는 어느 농업학교에 입학했어. 그곳에서는 이름 그대로 '농사짓는 법'을 가르쳤는데, 교실에서 공부를 하는 시간보다는 농사짓는 연습을 하는 시간이 훨씬 많았어. 밭을 갈고, 김을 매고, 변소에서 똥오줌을 퍼다가 거름을 주어야 했어. 비싼 학비를 내고 들어와 매일 그렇게 고된 농사일이나 해야 하니 학생들에게 인기 있는 학교일 리가 없었지. 그래서 해마다 100명쯤 되는 학생들이 입학을 하긴 했지만, 그중 기간을 모두 채우고 졸업하는 학생은 30명 정도밖에 되지 않았어.

늘 넉넉한 환경에서 귀염 받으며 편하게만 자라 왔던 공병우가 그 학교에서 얼마나 괴로웠을지 쉽게 알 수 있을 거야. 힘든 일을 하고 거친 음식을 먹어야 했던 것도 힘들었지만, 집을 떠나 기숙사에서 생활하면서 무서운 선생님과 선배들이 시키는 대로 움직이는 것은 정말 고역이었어. 집안에서야 귀한 자식이고 손자였지만, 선생님이나 선배들에게야 그저 버릇없는 녀석일 뿐이었으니까. 고집 세고 급한 성격이었던 공병우가 그런 상황에서 고분고분 고개를 숙이며 적응했을 리가 있겠니? 공병우는 농업학교 시절 몇 번이나 커다란 말썽을 벌였단다.

공병우가 1학년때, 2학년 선배의 방에 불려 가서 따귀를 맞은 적이 있었어. 집안이 부유했던 공병우는 기숙사에서도 신문이랑 잡지를 구독해서 보는 유일한 학생이었는데, 그걸 좀 빌려 달라는 선배의 요구를 거절했다가 미움을 샀던 거야. 정당한 이유도 없이 따귀를 맞고 방으로 돌아온 공병우는 분을 삭이지 못해 한참을 씩씩거리다가, 결국 연필 깎는 조그만 칼을 집어 들고 다시 선배 방으로 가서 난동을 부렸어. 칼을 선배의 목에 갖다 대고는, '왜 나를 때렸는지 설명해 봐.'라고 소리를 지르다가 다른 학생들에게 붙잡혀 끌려 나갔어.

또 한번은 학교에서 학생들에게 농사일뿐만 아니라 산을 깎아 운동장 만드는 일까지 시키자 친구들을 모아서 항의 시위를 일으킨 적도 있었어. '학생들에게 이런 중노동을 시켜서는 안 됩니다.'라며 교장 선생님에게 항의를 했던 거야.

그렇게 여러 번 사고를 치고도 쫓겨나지 않은 것은, 공병우의 5촌

아저씨가 그 학교가 있던 곳의 면장인 덕분이었어. 비슷하게 선배에게 대들다가 말썽을 일으키거나 함께 항의 시위를 주동했던 친구들은 퇴학을 당하거나 큰 벌을 받았지만, 공병우는 집안 배경 덕분에 화를 면할 수 있었던 것이지. 그렇게 무슨 일을 해도 크게 벌을 받지 않다 보니

점점 더 배짱이 두둑해진 공병우는 결국 정말 큰 사고를 한 번 치고 말아. 2학년 때 작문 시간에 학교와 교장 선생님의 잘못을 조목조목 비판하는 글을 써서 냈던 거야. '나의 희망과 농업학교'라는 제목을 붙였던 그 글은 이런 내용이었대.

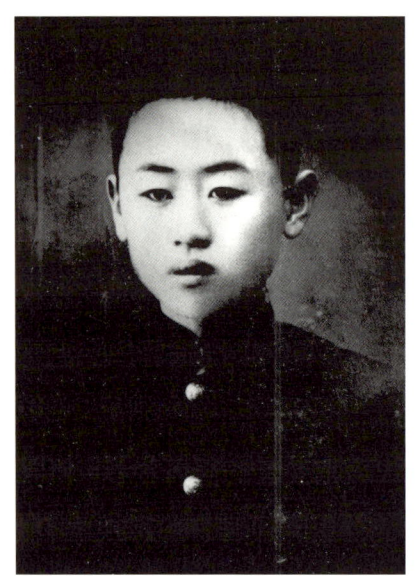
의주에 있는 농업학교를 다닐 때의 공병우.

'학생들에게 부당하게 중노동을 시키고, 밥은 감옥 죄수들의 것보다 나을 것이 없다. 그러다 보니 자연히 학생들 사이에서도 상급생이 하급생들에게 심부름을 시키고 빨래까지 시키며 노예처럼 부리는 나쁜 문화가 만들어졌다. 그리고 교장 선생님도 늘 학생들에게 졸업하고 군청이나 면사무소에서 일하는 공무원이 되라고 조언하는데, 농업기술을 가르치면서 그것과 아무 상관도 없는 일을 하라고 하는 것은 앞뒤가 맞지 않다.'

더구나 그 과제를 냈던 작문 선생님이 공병우가 쓴 글을 조용히 혼자서만 읽은 것이 아니라 다른 학년 학생들과 선생님들 앞에서 여러 차례나 큰 소리로 읽는 바람에 전교생과 선생님들, 그리고 교장 선생님까지도 그 내용을 모두 알게 됐어. 작문 선생님이 볼 때는 그저 그럴 듯한 표현으로 꾸며 댄 다른 학생들의 글보다는, 거칠지만 자신의 생각을 솔직하고 용감하게 표현한 공병우의 글이 훨씬 훌륭했기 때문이었지. 아무리 무서운 게 없는 공병우였지만, 그렇게 정면으로 자신을 비판한 내용을 교장 선생님까지 알게 됐으니 걱정이 되지 않을 수 없었어. 그때는 교장 선생님이 마음만 먹으면 언제든지 학생 하나쯤 퇴학시킬 수도 있는 시절이었거든.

하지만 고마쓰라는 이름의 그 일본인 교장 선생님은 대범한 사람이었어. 공병우의 글을 읽으면서 화를 내기보다는 대견하게 생각했지. 불이익을 당할 수 있다는 걸 알면서도 잘못된 것을 지적할 줄 아는 용기를 높이 샀던 거야. 그래서 어느 날 밤 공병우를 집으로 불러서 이렇게 말했어.

"너는 더 이상 이 학교를 다니지 않아도 될 만한 실력을 갖췄다. 네 담임 선생님께 들으니 원래 꿈이 의사였다고 하더구나. 의학 전문학교는 아니지만 내가 서울에 있는 치과 전문학교 교장하고 잘 아는 사이인데, 내 추천서를 가지고 가면 입학을 시켜 줄 거다. 추천서를 써 줄 테니 그곳에 입학해 열심히 공부해서 치과 의사가 돼 보는 게 어떻겠느냐."

퇴학을 당할 줄만 알았던 공병우는 정말 깜짝 놀랄 수밖에 없었지. 의사는, 공병우가 어린 시절 노구치 히데요에 관한 책을 수십 번이나 되풀이해 읽으면서 가슴에 품은 꿈이었거든. 노구치 히데요는 세계적으로 이름을 떨치고 있던 일본인 의사였어. 전 세계를 떠돌며 갖가지 병원균들을 추적해 질병의 원인을 밝혀내고, 불치병으로만 여겨지던 여러 가지 병들의 치료법을 찾는 일을 하고 있었어. 공병우는 마치 괴물을 사냥하듯 병균들을 하나하나 찾아내 퇴치하는 노구치 박사의 이야기에 쏙 빠져들었고, 의술의 힘으로 고통 받는 사람들을 도울 수 있다는 사실에 가슴 설레곤 했어.

공병우는 고마쓰 교장 선생님으로부터 치과 전문학교를 추천받자 어린 시절의 열정이 되살아났어. 내친김에 의학 전문학교 입학 준비도 함께 시작해야겠다고 마음을 먹었어.

공병우의 소년 시절, 노구치 히데요는 일본의 국민적 영웅이었어. 미국 록펠러의학연구소에서 일하면서 매독, 페스트, 광견병, 소아마비처럼 치료가 불가능한 것으로 여겨지던 여러 가지 질병의 원인이 되는 세균을 발견했고, 덕분에 무려 아홉 번이나 노벨 생리 의학상 후보에 올랐을 만큼 세계적인 명성을 얻었기 때문이지. 당시 일본에서는 청소년들의 자부심을 일깨워 주고, 희망을 주기 위해 노구치 히데요의 일대기를 그린 책을 많이 만들어 알렸어. 공병우 역시 그런 책을 읽으며 의사의 꿈을 꾸게 됐던 거야. 노구치 히데요는 한평생 세균 발견과 질병 치료

법을 찾다가, 결국 1928년에 아프리카에서 황열병 연구 도중 그 병에 감염돼 목숨을 잃었어. 오늘날까지 노구치 히데요에 대한 일본인들의 존경은 대단해. 천 엔짜리 지폐에서도 그 얼굴을 볼 수 있어.

노구치 히데요(1876~1928)의 얼굴이 그려진 일본 천 엔 화폐. 2004년 11월부터 발행된 화폐로, 노구치 히데요에 대한 일본인의 존경을 엿볼 수 있다.

하지만 오늘날에는 노구치 히데요의 연구 중 일부가 잘못됐거나, 조작되었다는 사실이 밝혀지기도 했어. 원래 매독이나 소아마비, 광견병, 황열병 같은 병들은 세균이 아니라 바이러스 때문에 생기는 병인데, 그 바이러스는 전자현미경으로만 볼 수 있어. 그런데 노구치 히데요는 전자현미경이 미처 발명되기도 전의 사람이었기 때문에 도저히 그 병들의 원인을 밝혀낼 수 없었다는 거야. 노구치 박사가 일부러 거짓말을 한 게 아니라면 뭔가 착각을 했던 것인데, 그 당시에는 그게 잘못된 것인지조차 알 수가 없었기 때문에 많은 사람들이 속고 말았다는 것이지.

노구치 히데요가 특히 공병우에게 희망을 주었던 것은, 어릴 때 입은 화상으로 왼손을 쓸 수 없는 장애인이었던 데다 중학교밖에 졸업하지 못한 어려운 환경이었지만 동네 병원에 조수로 취직해 혼자 열심히 공부한 끝에 의사 자격시험에 합격한 사람이었기 때문이야. 그 시절에는 요즘처럼 의과대학을 졸업해야만 의사가 되는 게 아니었어. 의사가

공병우가 다녔던 평양의학강습소. 1923년 설립되었으며 일본인과 한국인 모두에게 교육 기회가 주어졌다.
이후 의학 전문학교로 승격되어 광복이 될 때까지 이어지다 평양의과대학으로 개편되었다.

되려면 의사 자격시험을 통과해야 했는데, 그 자격시험을 보려면 지금의 대학에 해당하는 의학 전문학교를 졸업하거나, 정식 학교가 아닌 의학강습소 같은 곳에서 따로 의술을 공부하는 방법도 있었거든. 노구치 히데요는 공병우에게 의학 전문학교에 다니지 못해도 의사가 될 수 있다는 희망을 주었어.

마침 그 무렵 집에서 비교적 가까운 평양에 '평양의학강습소'가 세워진다는 소식이 들리자 공병우는 그곳의 입학시험을 치르기로 결심했어.

하지만 농업학교 학생이 의학강습소 입학시험에 합격하는 건 거의 불가능한 일이었어. 시험에서 제일 중요한 과목이 물리학, 수학, 화학 등이었는데, 농업학교에서는 가르치지 않았거든. 명문 고등학교의 우등 졸업생들도 합격할 수 있을까 말까 한 어려운 시험이기도 했고 말이야.

하지만 그런 건 공병우에게 고민거리가 아니었어. 워낙 거침없고 활달한 성격이었던 그는 '실패하면 어쩌나.' 하고 걱정하지 않았어. 그저 열심히만 하면 의사의 꿈을 이룰 수 있을지도 모른다는 생각에 가

고집쟁이 시골 소년, 의사가 되다   27

슴이 설레었어. 혹시 떨어지더라도 고마쓰 교장 선생님이 추천해 준 치과 전문학교에 입학하거나, 그것도 안 된다면 그냥 농업학교로 돌아오면 되니 새삼 불안할 것도 없었을 거야.

공병우는 돌아온 일요일에 곧장 압록강 너머 중국 안동현이라는 곳에 있는 헌책방까지 가서 신의주고등보통학교 학생들이 졸업하면서 팔아넘긴 물리학, 수학, 화학 교과서를 구해 왔어. 그리고 그 책들을 가지고 석 달 동안 밤낮없이 공부하기 시작했지. 기숙사에서는 밤 10시가 넘으면 모두 불을 끄고 자도록 했지만, 공병우는 그 시간이 아까워

이불 속에서 손전등을 켜고 몰래 공부를 계속했어. 새벽 4시가 넘어서야 잠깐 잠들었다가 다시 한두 시간 만에 깨어 학교생활을 하는 식이었으니, 얼마나 열심히 공부했는지 상상할 수 있을 거야.

물론 누가 친절하게 가르쳐 주는 것도 아니고, 교재가 충분한 것도 아니었던 데다가, 기초도 많이 부족한 상태에서 시작한 공부였으니 쉽지만은 않았을 거야. 하지만 공병우는 거의 처음 접한 수학과 과학의 재미에 푹 빠져 버렸어. 그래서 누가 시키지도 않은 그런 힘든 과정을 석 달 동안이나 꿋꿋하게 이어갈 수 있었지. 누구나 정말 즐거움을 느끼고 필요성을 느끼면 스스로도 놀랄 만큼 열심히 파고들 수 있는 법이거든. 그렇게 열심히 노력한 끝에 공병우는 결국 평양의학강습소 입학시험에 합격할 수 있었어.

## 졸업장 하나 없는 의학 박사

평양의학강습소에 합격한 것은 정말 대단한 일이었어. 그 근방에서 가장 공부를 잘한다고 소문난 학생들만 모여 있는 신의주고등보통학교 출신들 중에서도 평양의학강습소 입학시험에 붙는 사람보다는 낙방하는 사람이 훨씬 더 많았거든. 그런데 몇 해 전 그 학교 입학시험도 통과하지 못해 농업학교에 갔던 공병우가, 그것도 학교를 채 졸업하기도 전에 의학강습소 시험에 합격을 했다는 건 평안도 일대에 소문이 날 만한 일이었지.

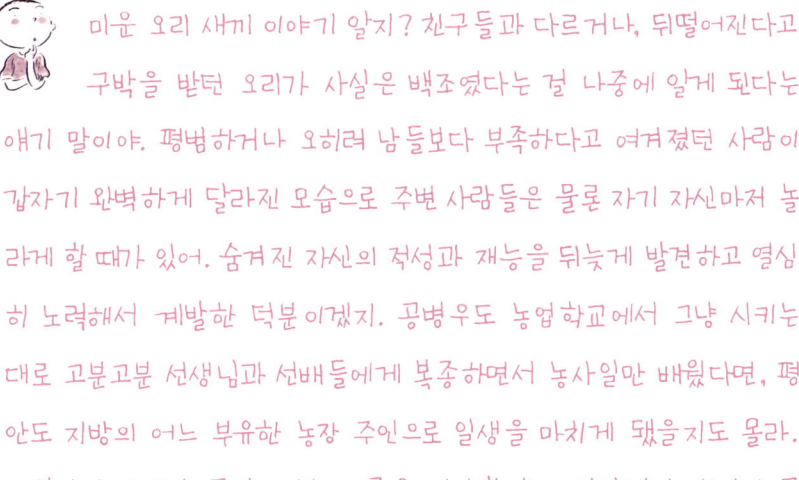

미운 오리 새끼 이야기 알지? 친구들과 다르거나, 뒤떨어진다고 구박을 받던 오리가 사실은 백조였다는 걸 나중에 알게 된다는 얘기 말이야. 평범하거나 오히려 남들보다 부족하다고 여겨졌던 사람이 갑자기 완벽하게 달라진 모습으로 주변 사람들은 물론 자기 자신마저 놀라게 할 때가 있어. 숨겨진 자신의 적성과 재능을 뒤늦게 발견하고 열심히 노력해서 계발한 덕분이겠지. 공병우도 농업학교에서 그냥 시키는 대로 고분고분 선생님과 선배들에게 복종하면서 농사일만 배웠다면, 평안도 지방의 어느 부유한 농장 주인으로 일생을 마치게 됐을지도 몰라. 그렇다면 우리가 공병우라는 이름을 기억할 수도 없었겠지. 하지만 공

병우는 수학과 과학을 접하는 순간부터 완전히 다른 삶을 시작하게 됐어. 수학과 과학을 통해 새로운 것을 발견하고, 깨닫고, 입증하는 것이 너무 즐겁고 신났던 거야.

하지만 그건 시작에 불과했어. 의학강습소에 입학한 뒤에도 공병우는 입학시험을 준비할 때와 마찬가지로 늘 새벽까지 공부하고 다시 아침 일찍 일어나 또 공부하는 생활을 계속했지. 물론 그렇게 무리한 공부가 꼭 바람직한 것만은 아니야. 아무리 건강하고 나이가 어리다고 해도 충분히 먹고 자는 일을 소홀히 하면 몸이 견뎌 낼 수가 없으니까 말이야. 실제로 공병우도 무리한 탓에 나중에 몸이 상해 고생을 하기도 했지. 하지만 누가 시킨 것도 아니고, 스스로 공부의 재미에 빠져들다 보니 하루하루 공부할 시간이 모자라기만 했어.

결국 공병우는 의학강습소를 제대로 졸업하기도 전인 2년 반 만에 모든 자격시험을 통과해서 의사가 되었어. 시험은 절대로 쉽지 않았어. 사람의 생명을 다루는 의사를 뽑는 시험이니, 식민지 시대였음에도 불구하고 그 시험에서만큼은 일본인이라고 해서 우대를 받거나 하는 일도 없이 아주 엄격하게 관리를 했지.

당시에는 모두 세 차례의 시험을 통과해야만 의사 자격증이 주어졌어. 같은 강습소 학생들 중에서 해마다 시험을 보러 서울로 가는 학생이 4~50명쯤 됐지만 합격자는 서너 명에 불과했대. 심지어

<u>는 1차 시험도 통과하지 못해서 10년이 넘도록 시험공부만 하는 사람도 있을 정도였고 말이야.</u>

그런데 어느 시골 마을 출신으로 이름도 없는 농업학교를 다니다가 중퇴하고 들어온 학생이 단 한 번도 떨어지지 않고 2년 반 만에 세 차례의 시험을 모두 통과해 의사가 되자 모두 깜짝 놀랄 수밖에 없었지. 공병우의 나이는 겨우 스무 살이었어. 오늘날의 초등학교에 해당하는 보통학교에 1학년으로 입학한 것이 열세 살 때의 일이니까, 불과 7년 만에 초, 중, 고등학교와 대학 과정까지 모두 끝내 버린 거나 마찬가지였어.

의사가 된 공병우는 고향 집에서 멀지 않은 신의주 도립병원으로 부임했어. 공부도 잘하지 못하고, 고분고분하지도 않고, 늘 말썽만 부려서 농업학교를 졸업하면 농사일이나 맡겨야겠다고 생각했던 아들이 불과 몇 년 만에 의사가 되어 돌아오자 부모님이 얼마나 기뻤겠니? 집안 어른들은 공병우를 환영하고 축하하기 위해 큰 잔치를 벌였고, 동네 사람들도 모두 공병우와 부모님을 부러워했어. 공병우는 부모님과, 가족과, 모든 이웃들의 자랑거리였어. 하지만 공병우는 불과 1년 만에 편안했던 신의주 도립병원 생활을 정리하고 짐을 쌌어. 더 훌륭한 의사가 되기 위해 서울로 가서 공부하기로 결심했던 거야.

"그래. 내 목표가 그냥 의사가 되는 것만은 아니었잖아. 내가 노구치 히데요 박사를 존경했던 것은 그 분이 많은 사람들의 존경을 받는 유명한 의사였기 때문이 아니라, 한 사람이라도 더 치료하고 돕기 위해 쉼 없이 노력했기 때문이야. 지금 이대로 머물다가는 이 편안함과 행복함에 빠져서 내가 처음에 목표했던 것과는 거리가 먼 사람으로 남을 수밖에 없을 거야."

보통 사람이라면 주변 사람들의 보살핌과 부러움을 한 몸에 받으며 그곳 신의주에서 의사로서 풍족하고 편안한 삶을 누리려고 했을 거야. 하지만 공병우는 그런 면에서 조금 특이한 사람이었어. 하나를 이루면 거기에 만족하지 않고 그 이상을 꿈꾸는 사람이었지.

공병우는 지금은 서울대학교 의과대학이 된 경성의학전문학교(줄여서 '경성의전'이라고 불렸어.)에 견학생으로 들어갔어. 견학생은 말 그대로 곁에서 보고 배우는 학생이라는 뜻이야. 연구실에서 청소나 실험 도구 정리 등 온갖 허드렛일을 해 주고, 경성의전 교수와 그 제자들이 연구하는 모습을 지켜보며 스스로 공부하는 자리였지. 물론 월급은 단 한 푼도 없었어.

공병우는 집안이 부유하긴 했지만, 의사가 된 뒤에도 부모님께 돈을 받는 것은 면목 없고 자존심 상하는 일이라고 생각했어. 그래서 신의주 도립병원에서 일하던 시절에 모았던 돈을 조금씩 쪼개서 아껴 썼지. 동대문 근처 마부들이 주로 묵는 허름한 여인숙에 방을 얻어 놓고, 매일 연구소까지 몇 시간씩 걸어서 오가는 고된 생활을 시작했어. 심지어는 너무 돈이 쪼들려서 연구실이 쉬는 주말마다 상점에서 점원 일

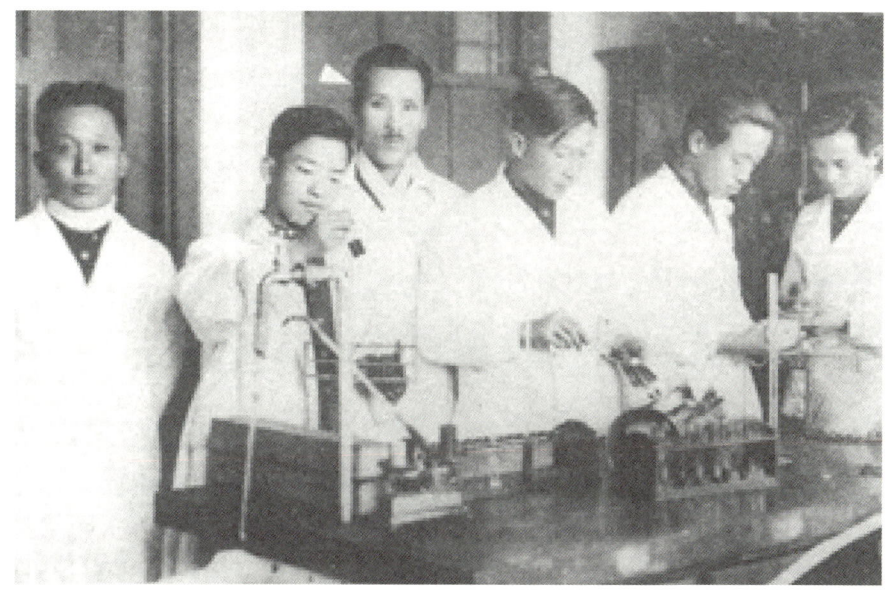

경성의전 미생물학 실습실 모습. 공병우는 이곳의 견학생으로 서울 생활을 시작했다. 가운데 콧수염 난 이가 유명한 세균학 박사 유일준 교수로, 세균학에 관심이 많았던 공병우를 견학생으로 받아 주었다.

이라도 하려고 알아봤지만, 상점 주인들이 '의사 선생님에게 허드렛일을 시킬 수는 없다.'고 거절하는 바람에 그나마도 할 수가 없었어.

어쨌든 그렇게 힘든 생활 속에서도 열심히 일하고 공부하는 모습이 여러 사람들에게 깊은 인상을 남긴 덕에 견학생이 된 지 1년 만에 사다케라는 일본인 교수의 안과 교실에서 조금이나마 월급을 받는 조수로 일하게 되었어. 견학생은 그저 보고 배우는 학생이지만, 조수는 교수의 일을 돕는 학교의 정식 직원 중 하나였지. 물론 조수 월급도 넉넉한 것은 아니었기 때문에 공병우는 늘 다른 조수들 대신 병원에서 밤을 새며 연구실을 지키고 응급 환자를 돌보는 숙직을 도맡아 서곤 했어. 그렇게 하면 여인숙 방세도 아낄 수 있고, 조금씩 나오는 숙직비를 받아 밥이라도 사 먹을 수 있었기 때문이지. 서울에서 공부를 하는

것은 그렇게 힘든 일이었어. 하지만 그렇게 밤낮없이 열정을 다한 끝에 공병우는 연구하던 주제로 논문을 완성할 수 있었고, 그 논문을 일본의 나고야대학에 제출해 박사 학위까지 받게 되었어. 지금도 그렇지만, 박사 학위를 받는다는 건 굉장히 어려운 일이었어. 더구나 일본의 식민지였던 그때 일본의 유명한 대학 교수들이 조선의 젊은이들이 하는 연

경성제국대학 병리학 검사실에서 일하던 시절의 공병우. 이곳에서 시작한 연구가 이후 경성의전 연구실까지 이어졌고, 마침내 망막 질환에 대한 논문으로 박사학위를 받는다. 교육 과정을 모두 속성으로 통과한 공병우는 평생 졸업장을 한 장도 받아 본 적이 없다.

구를 제대로 평가해 줄 리가 없었거든. 좋은 의과대학을 졸업한 부잣집 자식들이 십여 년씩 연구에만 매달려도 될까 말까 한 일이었어. 제대로 의과대학을 졸업하지도 못했고 충분한 학비와 연구비를 얻지도 못해 일부러 숙직을 도맡아야 했던 공병우에게는 꿈과 같은 일이라고 할 수 있었지.

하지만 어쩌면 그런 어려운 환경 덕분에 오히려 더 빠르게 학위를 받을 수 있었는지도 몰라. 너무 가난해서 숙직비를 받기 위해 연구실에서 밤을 새야 했던 공병우는 낮에 교수님이 시킨 실험만 한 것이 아니라, 모두가 퇴근한 밤 시간을 이용해 조금 더 발전시킨 나름대로의

공병우 박사의 결혼식 사진(위).
어려운 시절을 함께한 가족들(아래).
왼쪽부터 첫 딸, 아내, 장남.

연구를 계속할 수 있었기 때문이지.

어쨌든 우리나라 의학박사의 수를 손에 꼽을 수 있을 정도였던 시절, 학교도 제대로 나오지 못한 시골 출신의 견학생이 박사 학위를 받는 일이 생긴 거야. 공병우의 나이가 채 서른도 되기 전의 일이었어.

## 2. 두 번째 도전, 발명가

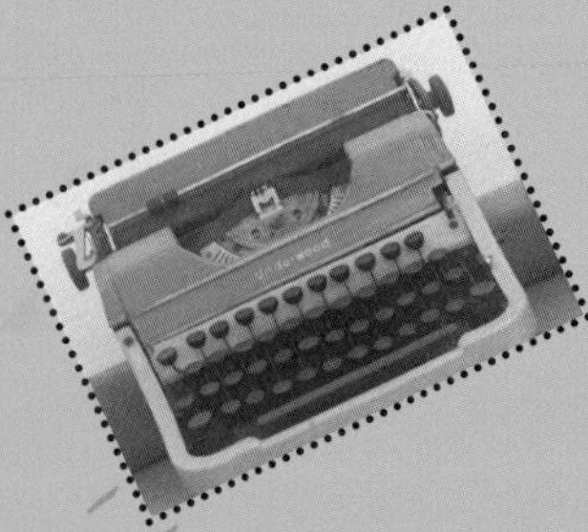

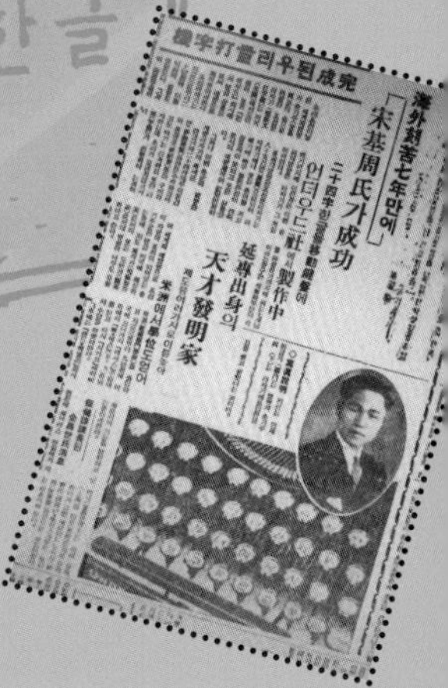

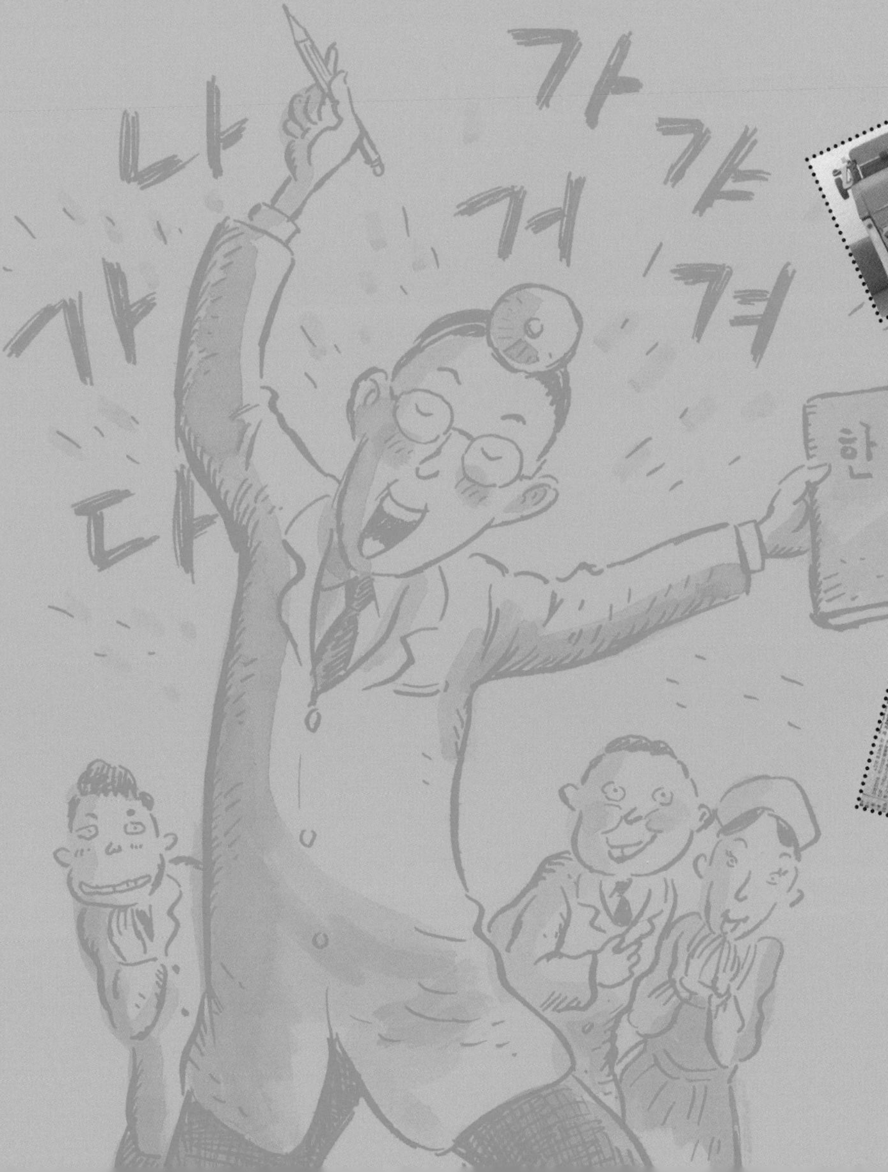

## 한글을 만나다

　　박사 학위를 받은 공병우는 몇 해 동안 고생하면서 공부를 했던 경성의전과 멀지 않은 안국동에 안과를 열고 '공안과의원'이라는 간판을 내걸었어. 서른두 살이 되던 1938년의 일이었는데, '공안과의원'은 우리나라 최초의 개인 안과 병원이기도 했어.

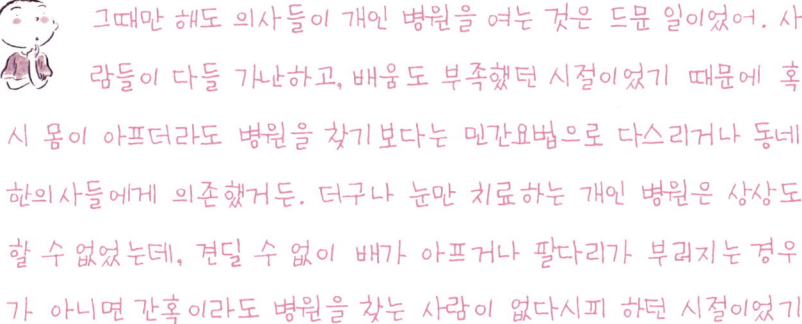

그때만 해도 의사들이 개인 병원을 여는 것은 드문 일이었어. 사람들이 다들 가난하고, 배움도 부족했던 시절이었기 때문에 혹시 몸이 아프더라도 병원을 찾기보다는 민간요법으로 다스리거나 동네 한의사들에게 의존했거든. 더구나 눈만 치료하는 개인 병원은 상상도 할 수 없었는데, 견딜 수 없이 배가 아프거나 팔다리가 부러지는 경우가 아니면 간혹이라도 병원을 찾는 사람이 없다시피 하던 시절이었기 때문이지.

　　그런데 마침 병원을 열던 무렵, 우리나라에 급성 결막염이라는 눈병이 크게 유행했어. 눈이 빨갛게 충혈되고 가려워지는 병이었는데, 특이하게도 병원에 가서 치료를 받으면 더 심해지곤 해서 사람들을 고통스럽게 했어. 공병우가 가만히 연구를 해 보니, 그 이전까지 유행했

공안과 앞에서 직원들과 함께 찍은 사진. 뒷줄 왼쪽에서 세 번째가 공병우 박사.

던 눈병과 증상이 비슷하기는 하지만 전혀 다른 종류의 세균에 의해 전염되는 병이었어. 그래서 다른 눈병을 치료했던 약을 넣으면 오히려 부작용이 생겨서 증상이 더 심해지곤 했던 거야. 몇 해 전 경성의전 세균학 연구실에서 견학생으로 고생하며 공부했던 경험 때문에 다른 안과 의사들이 알아내지 못한 것을 공병우는 먼저 알 수 있었던 것이지. 질병의 원인이 되는 세균들을 찾아 전 세계를 떠돌았던 노구치의 전기를 읽으면서 의사가 되는 꿈을 키웠던 공병우는, 안과로 전공을 정하고 나서도 세균학에 대한 관심을 놓지 않았어.

병의 원인을 알아낸 공병우는 다른 안과 의사들과는 많이 다른 치료법을 내놓았어. 아무런 약도 쓰지 않고, 대신 깨끗한 생리식염수로 씻어 내라고만 했어. 그리고 따로 병원에도 오지 말고 집에 가만히 누워서 눈을 쉬도록 했어. 의사가 '더 이상 병원에 오지 말고, 약도 쓰지 말라.'고 하는 것도 이상한 일인데, 그런 이상한 치료법으로 눈이 낫는 경험을 한 환자들이 하나둘 늘자 슬슬 소문이 나기 시작했어. '공안과는 한두 번만 가고서도 눈병을 고칠 수 있다.'는 얘기들이었지.

더구나 그 시절 다른 병원은 돈을 먼저 내고 들어가야만 치료를 해 주는 식이었는데, 공안과는 치료를 먼저 해 준 다음 돈을 받았어. 진찰해 본 결과 별다른 치료가 필요 없으면 돈을 받지 않고 보내기도 했고. 소문이 널리 퍼지면서 멀리 평안도나 함경도에서 일부러 공안과까지 찾아오는 환자들이 생길 정도로 사람이 많아지자, 그중 사정이 딱한 사람들에게는 무료로 치료를 해 주고 약을 나누어 주기도 했지. 그건 공병우가 처음 의사가 되기로 마음먹었던 어린 시절의 생각을 떠올렸기 때문이야. 돈을 많이 벌고 싶었던 것이 아니라, 어릴 때 즐겨 읽던 책 속의 주인공 노구치 박사처럼 의술의 힘으로 고통 받는 사람들을 돕고 싶어서 의사를 꿈꾸던 것을 잊지 않은 거지. 또 자신도 평안도 시골 출신이다 보니, 멀리에서 눈을 치료하기 위해 논밭 판 돈을 들고 비싼 차비를 들여 서울까지 찾아온 이들에게 야박하게 많은 돈을 받기도 미안했어.

　그러다 보니 '공안과의원'에 대해서 좋은 소문들이 더 많이, 더 널리 퍼지게 됐고, 당연히 점점 더 많은 환자들이 병원을 찾기 시작했어. 병원 문을 연 지 얼마 되지 않아서 공병우는 크게 이름을 날렸어, 또 돈도 많이 벌 수 있었어. 그 무렵 몇몇 유명한 예술가나 정치인들도 공안과를 찾게 되었고, 공병우와 교류하기 시작했지.

어느 날 점잖은 노신사 한 분이 병원을 찾았어. 차림은 허름했지만, 학문을 하는 사람이라는 건 금방 알 수가 있었지. 교양 있는 말씨와 점잖은 행동도 그랬지만, 진찰을 해 보니 너무 열심히 책을 보느라 눈이 피로해져서 생긴 병이었거든. 간단히 치료를 마친 뒤 공병우는 그 신사와 함께 잠시 차를 한잔 마시며 눈 관리하는 법 등을 설명하고 있었어. 그런데 그 신사가 문득 낯선 이야기를 꺼냈지.

"선생님은 혹시 한글에 관심을 가져 본 일이 있습니까? 우리 조선 민족 고유의 글자 말입니다."

"언문 말씀이시군요. 솔직히 별로 없습니다."

"아마 그러실 겁니다. 일본 놈들이 쓰지 못하도록 탄압을 하고 있는 데다가, 사실 일본의 지배를 받기 전부터도 선생님 말씀대로 '언문'이라고 해서 우리 민족 스스로 업신여겨 왔으니까요. 하지만 한글은 세계에서도 보기 드물게 훌륭한 글자입니다. 누구나 조금만 공부하면 쉽게 배워서 읽고 쓸 수 있는 글자라, 그 한글만 제대로 알린다면 우리 민족이 다 글눈을 뜨고 문화의 힘을 길러서 독립을 할 수가 있을 겁니다."

공병우도 나중에 알게 된 일이지만, 그 노신사는 한글 학자이자 독립운동가이기도 한 이극로였어. 젊은 시절 중국과 독일에서 유학을 하면서 오히려 한글의 우수성을 깨닫게 된 이극로는 조국으로 돌아온 뒤 한글을 연구하고 널리 알리는 일에 전념했고, 그런 문화의 힘으로 민족의 독립을 이루려는 꿈을 꾸고 있었어.

일본 제국주의 지배 아래서 한글을 배우고 널리 알리는 것은 엄청난 용기가 필요한 일이었어. 일본은 전쟁이 불리해질수록 한국인들의 문화와 정신을 말끔히 지워 버리고 완전한 일본인으로 개조하기 위해 굉장히 공을 들이고 있었거든. 그런 일본에게 한글이 널리 알려지는 것은 정말 성가신 일이었지. 그래서 툭하면 한글과 관련된 일을 하는 사람들을 온갖 구실을 붙여 잡아 가두거나 괴롭히곤 했어. 공병우에게 한글의 위대함을 알려 준 이극로도 그로부터 얼마 뒤 일본 경찰이 조작한 '조선어학회 사건'에 연루되어 잡혀가서 해방이 될 때까지 3년 동안이나 감옥살이를 했단다.

공병우는 곧 한글을 배우기로 결심했어. 그래서 한글학회에서 연구하던 권승욱이라는 분을 개인 교사로 불러 '가갸거겨'부터 제대로 배우기 시작했지. 요즘 아이들은 초등학교에 들어가기 전부터 다 배워서 알고 있는 것들이지만, 나이 서른이 넘은 공병우에게는 모든 것이 신기하기만 했어. 뒤늦은 공부가 부끄럽다는 생각은 할 겨를도 없었고, 순간순간이 즐거운 배움의 과정이었지. 의학강습소에 들어가기 위해 처음 수학과 물리학을 접하고 공부를 시작하던 시절과 마찬가지로, 이번에도 공병우는 한글이라는 새로운 세계를 깨우치는 즐거움에 홀딱 빠져 버리고 말았던 거야. 공병우가 원래 한번 빠지면 밤낮을 가리지 않는 사람이었다는 건 앞에서도 이미 이야기했으니까 잘 알고 있지?

 공병우는 한글을 제대로 배운 적이 없었어. 어릴 때 다니던 서당에서는 한문만 가르쳤고, 학교에 들어간 뒤로는 일본의 말과 글을 배웠으니까. 의사가 된 뒤에는 영어나 독일어로 된 책을 읽어야 하는 경우가 더 많았고 말이야. 물론 어릴 적 한글로 된 동화책을 읽어본 적은 있었지만 학교에 다니기 시작한 뒤로는 잊어버리다시피 하고 살았어. 옛날 사람들은 한글을 '언문'이라고 부르면서 업신여겼는데, 그건 한글이 어린아이와 여자들이나 쓰는 글자일 뿐이고 지식이 있고 교양 있는 사람이라면 마땅히 한문을 써야 한다고 생각했기 때문이지. 그런 공병우에게 '한글이야말로 세계적으로 보기 드물게 훌륭하고 과학적인 글자'라는 말은 꽤나 충격적이었어. 더구나 '우리 민족의 글눈을 뜨게 할 수 있다.'는 말은 사람들의 눈을 치료하는 일에 전념했던 그의 가슴에 깊숙이 파고들었지.

　공병우는 곧장 새로 배운 한글을 활용하고 널리 알리는 일에 나섰어. 마침 그 무렵 '도라홈'이라는 새로운 눈병이 유행하기 시작했어. 눈이 빨갛게 충혈되고 눈에서 고름이 나오다가 심해지면 눈이 멀기도 하는 무서운 병이었어. 게다가 전염성이 워낙 강해서 한 사람이 그 병에 걸리면 가족이나 이웃들까지 위험하게 되곤 했지. 공병우는 곧 도라홈 전염을 예방할 수 있는 간단한 방법들을 한글 안내문으로 만들어서 사람들에게 나누어 주기 시작했어. 눈이 충혈되고 고름이 나오고, 특히 밤만 되면 아무것도 보이지 않는 증상이 시작되면 도라홈이 의심되니

까 얼른 병원을 찾아 치료해야 하고, 집에서 가족들과 세숫대야나 수건을 함께 쓰면 안 된다는 내용 따위를 적은 거였지.

또 일본어로만 만들어져 있던 시력검사표를 맨 처음 한글로 만든 이도 공병우였어. 시력검사표를 일본 글자보다 쉬운 한글로 만들면 더 많은 사람들에게 한글을 알리는 기회도 되고, 또 사람들이 시력검사를 보다 쉽게 받을 수 있을 거라고 생각했기 때문이야.

공병우는 일본이 전한 신학문을 배우며 자랐고, 또 농업학교 시절부터 평양의학강습소를 거쳐 경성의전 연구실에서 공부를 하는 동안 일본인 스승의 가르침을 받은 사람이었어. 일본인들에게 차별받거나 눈에 띄는 피해를 입은 적이 별로 없었기 때문에 일본의 지배에 별로 반감을 가지지 않는 사람일 수도 있었지. 하지만 이극로의 열정적인 이야기를 통해 처음 접하게 된 한글은 우리 민족에 대한 사랑과 자긍심을 일깨웠고, 어릴 적 고향 집과 멀지 않은 곳에서 활동하던 독립군 부대의 소문에 가슴 설레곤 했던 기억까지 불러냈어. 공병우에게 한글은 민족의식을 일깨워 준 매개물이었던 셈이지.

## 그래, 내가 직접 만들어 보자

얼마 뒤 태평양전쟁이 끝났고, 일본은 연합국에게 무조건 항복을 선언했어. 우리나라도 곧 일본의 지배로부터 벗어날 수 있었지. 이극로를 비롯해 일본인들이 가두었던 수많은 애국지사들도 비로소 감옥에서 풀려났어. 무려 36년 만에 우리나라가 다시 독립국이 되었고, 더 이상 일본인들의 간섭과 억압에 시달리지 않아도 되었어. 그게 얼마나 기쁘고 감격적인 일이었는지는 따로 설명할 필요도 없을 거야. 사람들은 곧 거리로 쏟아져 나와 태극기를 흔들며 해방의 기쁨을 나누었지.

하지만 마냥 기뻐하기만 할 수는 없었어. 일본이 전쟁 물자를 얻기 위해 수십 년 동안 쥐어짠 통에 온 나라가 황폐해져 버렸을 뿐만 아니라, 36년 동안 일본의 억압을 받으며 노예 노릇을 하던 사람들도 스스로 나라를 이끌어 갈 능력을 미처 갖추지 못했기 때문이야. 작게 보자면, 병원에서도 마찬가지였어. 이제 물러간 일본 사람들의 말과 글을 쓸 필요가 없었지만, 모든 책이며 문서 같은 것들이 모두 일본어로만 되어 있다 보니 쓰지 않을 수도 없는 상황이었지.

일제강점기에 이미 시력검사표와 전염병 예방 안내문 같은 것들을 한글로 만들어 본 적이 있던 공병우도 그런 상황을 심각하게 생각했어. 그래서 해방을 맞은 뒤 공병우가 제일 먼저 했던 일은 안과학에 관한 책을 한글로 옮기는 일이었어. 공병우는 일본어와 한글을 모두 읽고 쓸 줄 아는 데다가 안과학 분야의 최고 권위자이기도

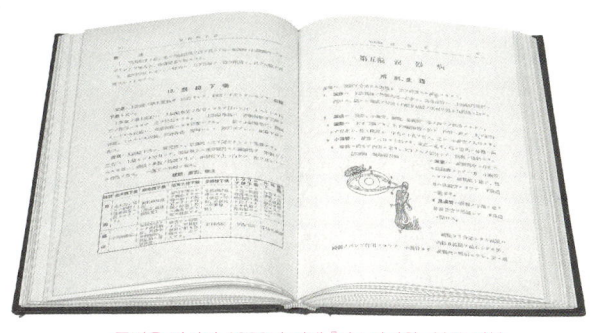

공병우 박사가 1939년 펴낸 『신소안과학』 본문 일부. 한국인이 집필한 최초의 안과 교과서이다.

했기 때문에 그 일에 꼭 맞는 사람이었지. 첫 번째로 시작한 책은 바로 자신이 해방 전에 일본어로 썼던 『소안과학』이라는 책이었어.

공병우는 급한 성격대로 순식간에 일을 끝내 당장 공부할 책이 없는 의과 대학생들에게 좋은 선물을 해 주려고 했어. 하지만 정작 일을 하다 보니 엉뚱한 구석에서 일이 난관에 부딪혔고, 시간은 질질 흘러만 갔어. 문제는 바로 공병우가 번역한 원고를 인쇄하기 위해 깔끔하게 다듬고 옮겨 적는 과정에서 발생했어. 공병우가 일본어로 된 책을 우리말로 옮기면 두 명의 조수가 그걸 받아서 다시 정리하고 다듬은 다음 인쇄소로 넘겨야 하는데, 각자 글씨체가 다르다 보니 서로 바꿔 읽고 정리하는 과정이 너무 혼란스럽고 복잡했던 거야. 게다가 두 조수가 쓴 글씨를 인쇄소 직원들이 정확히 알아보지 못해서 실수가 계속 생기기도 했지.

공병우는 예전에 연구실에서 일하던 시절에 써 보았던 타자기가 떠올랐어. 어느 나라든 박사 학위논문을 쓸 때는 그 내용을 간추려 영어로 옮겨서 논문의 맨 앞에 붙이도록 되어 있어. 연구의 성과를 세계 모든 나라 사람들과 나누도록 하기 위해서지. 그래서 연구실에는 영문

타자기가 있었는데, 그 타자기를 사용하면 손으로 쓸 때보다 훨씬 빠르고 깨끗하게 글을 쓸 수 있었어. 타자기의 글자는 누구나 정확히 알아볼 수 있으니까 혼란스러울 일도 없고 말이야.

자신이 아무리 빨리 번역을 해도 두 명의 조수가 그걸 정리하고 다듬는 데 시간이 걸려 아무 소용이 없게 되는 걸 보면서, 공병우는 한글을 쓸 수 있는 타자기가 필요하다는 생각을 하게 됐어.

 그럼 그때까지는 한글 타자기가 전혀 없었던 것일까? 그렇지는 않아. 이미 1914년 미국으로 망명해서 살던 이원익이라는 분이 한글 타자기를 발명한 적이 있었어. 그 '이원익 타자기'가 바로 최초의 한글 타자기였던 셈이지.

하지만 이원익 타자기는 손으로 쓰는 것과 비교해서 별로 편리한 점이 없는 비실용적인 물건이었어. 글쇠(타자기나 컴퓨터의 자판, 또는 자판을 이루는 하나하나의 견반)가 84개나 됐기 때문에 타자를 칠 때 시간이 한참 걸렸거든. 심지어 손으로 글을 쓰는 것보다 훨씬 느렸을 정도였지. 게다가 찍을 때는 가로로 찍고 읽을 때는 세로로 읽는 희한한 방식이기도 했어. 그러니까 타자를 치면 글자가 옆으로 누운 모양으로 찍히는 방식인데, 그 시절에는 글을 가로가 아닌 세로로 쓰고 읽는 사람들이 많았기 때문이야.

그 뒤에 역시 미국에 살던 교포인 송기주라는 분이 또 다른 타자기를 만들었어. 그 '송기주 타자기'도 마찬가지로 가로로 쓰고 세로로 읽는 방식이기는 했지만, 글쇠를 42개로 줄여서 이원익 타자기보다 속도가 빨라진 장점은 있었지. 하지만 빠르다는 것도 이원익 타자기와 비교하면 그렇다는 것이지 역시 손으로 글을 쓰는 것보다 빠르지 못하기는 마찬가지였어. 사람들이 그 두 타자기를 실생활에 별로 사용하지 못한 이유가 있었던 거야.

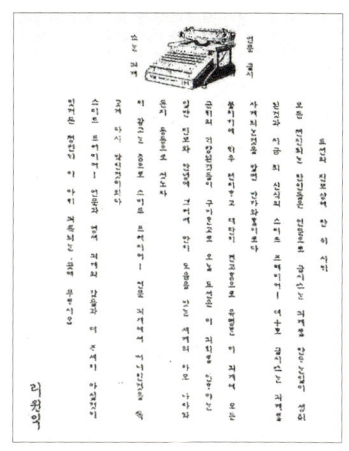

1914년 이원익이 만든 최초의 한글 타자기로 찍은 글. 이원익 타자기는 로마자 타자기에 한글 활자를 붙여 만들었는데 글쇠가 84개나 되고 사용하기 어려워 실용화되지 못했다.

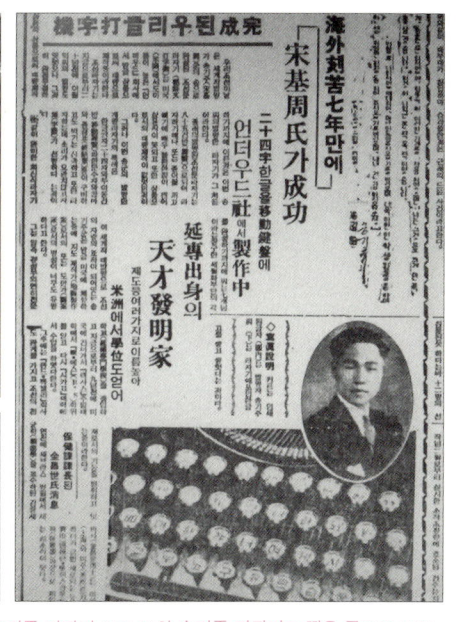

송기주 타자기(왼쪽 위)와 송기주 타자기로 찍은 글(왼쪽 아래). 1934년 송기주 타자기의 발명을 알리는 동아일보 기사(오른쪽). 송기주 타자기는 네벌식으로 글쇠를 42개까지 줄였으나 역시 실용화 단계까지 이르지는 못했다.

이미 나와 있던 두 대의 타자기를 구입해서 꼼꼼히 살펴보고 시험해 본 공병우는 낙심할 수밖에 없었어. 역시 느린 속도가 제일 큰 문제였지. 그렇게 한참 고민을 하던 공병우가 내린 결론은 이것이었어.

"그래, 내가 직접 만들어 보자!"

## 실용적인 한글 타자기의 탄생

　간신히 『소안과학』의 번역을 끝낸 공병우는, 이제 한글 타자기를 만드는 일에 전념하기 시작했어. 하지만 평생 의학만 공부해 왔고, 이제 조금 한글의 원리에 대해 깨닫기 시작했을 뿐인 중년의 남자가 갑자기 마음을 먹었다고 해서 기계를 발명할 수 있는 건 아니었어. 기계공학에 대한 지식도 전혀 없었고, 타자기에 대해서도 사실 아는 것이 별로 없는 상태였지. 하지만 공병우는 일단 목표를 세우면 그걸 달성하는 일 말고는 신경을 쓰지 않는 사람이었어. 박사 학위논문을 준비하던 시절 잠깐 경험해 봤던 영문 타자기처럼 빠르고 정확하게 찍히는 기계를 만드는 게 목표였으니, 영문 타자기를 철저히 분석해서 거기에 한글의 특징을 적용시키기만 하면 된다고 생각했지. 그래서 곧장 영문 타자기 한 대를 사다가 완전히 분해해서 구조를 꼼꼼히 살피기 시작했단다.

　그러다 보니 당연히 병원에서 환자를 보는 시간이 점점 줄어들고 환자들의 발길도 뜸해지기 시작했어. 의학 책들이 가지런히 정리돼 있던 공병우의 서재는, 이제 기계 조각과 나사들이 굴러다니고 시커먼 기계 기름이 여기저기 묻어 얼룩덜룩한 난장판이 되고 말았어.

　막상 시작을 하고 보니 일은 생각보다 훨씬 어려웠어. 최초의 한글 타자기를 만들었던 이원익이 글쇠를 무려 84개나 만들고, 그렇게 속도가 느릴 수밖에 없었던 것도 다 이유가 있었던 거야.

영어는 각각의 알파벳 글자들이 나란히 놓이면서 단어를 만드는 방식으로 표현이 돼. 예를 들면 '좋은'이라는 뜻의 GOOD이라는 단어는 G와 O와 O와 D라는 글자가 차례대로 가로로 놓이면서 만들어져. 그러니까 타자기에서도 각각의 글자를 누를 때마다 종이가 한 칸씩 옆으로 움직이게 만들어 주면 되지.

하지만 한글은 자음과 모음이 따로 있고, 또 자음이 초성에만 쓰이는 게 아니라 받침으로도 쓰이면서 글자를 만들어. 심지어 받침으로 쓰이는 자음은 두 개가 겹쳐 놓이는 경우도 있는데, 예를 들어 '달이 밝다.'고 할 때 '밝' 자를 보면 ㅂ과 ㅏ와 ㄹ과 ㄱ이 왼쪽과 오른쪽, 위와 아래로 자리를 나누어 묶이면서 만들어진 글자야. 게다가 모음도 'ㅏㅑㅓㅕ'처럼 글자의 오른쪽에 붙는 경우도 있지만 'ㅗㅛㅜㅠ'처럼 아래쪽에 붙는 경우도 있어. 물론 '가, 나, 다, 라'처럼 그냥 자음과 모음 하나씩으로만 만들어진 글자들도 많고 말이야. 그러니까 타자기에서 그런 다양한 글자들을 표현하려면 글쇠가 어떤 경우에는 왼쪽 위를, 어떤 경우에는 오른쪽 아래를 찍어 줘야 하고 또 종이도 어떤 때는 한 칸, 어떤 때는 반 칸을 움직여 주거나 어떤 때는 움직이지 않고 가만히 정지한 채 기다려 주기까지 해야 해.

 한글이 가장 쉽고 정확한 글자라는 건 누구나 알고 있어. 하지만 기계화(사람의 노동을 기계가 대신하게 하는 것, 즉 글씨를 손수 쓰는 대신 기계로 찍어 내는 일)에서만큼은 그리 편한 글자가 아니라고 할 수도 있지. 세종대왕과 집현전 학자들이 먼 훗날 한글을 기계로 찍고 인쇄해서 널리 알려야 한다는 것까지 미리 생각을 했더라면 한글을 더 단순한 원리로 만들지 않았을까 싶기도 해. 그래서 한글 타자기를 만들려고 노력하던 사람들 중에는 '그것이 한글의 한계다.'라고 주장하면서, 이제부터라도 한글에서 받침을 없애 버리고 모두 가로로 풀어써야 기계화 시대에 적응할 수 있다고 말하는 사람도 있었어. '무궁화'라는 단어를 'ㅁㅜㄱㅜㅇㅎㅏ' 같은 식으로 적으면 영어처럼 타자기로 찍기가 쉬워질 거라는 얘기였지. 하지만 공병우의 생각은 달랐어. 한글의 원리에 맞게 기계가 따라가야지, 기계의 필요에 맞게 한글을 우겨 넣는 것은 말이 되지 않는다고 말이야. 우리는 가끔 당장의 필요 때문에 원칙을 망가뜨리는 경우가 있어. 하지만 무엇이 목적이고, 그 목적을 이루기 위해 사용하는 수단이 무엇인지를 분명히 알고 있지 않는 것은 굉장히 중요해. 기계와 기술도 마찬가지야. 아무리 멋지고 훌륭한 기계도 그것 자체가 목적은 아니야. 기계는 어떤 일을 더 쉽고 효율적으로 하기 위한 수단인데, 수단인 타자기를 쉽게 만들려고 한글을 망가뜨린다면 작고 하찮은 것을 얻기 위해 가장 크고 중요한 것을 버리는 꼴이 되고 마는 것이지.

공병우는 그 어려운 과제를 풀기 위해 머리를 싸맸어. 병원도, 가족도 다 팽개친 채 타자기 연구에만 매달렸어. 하지만 6개월이 넘는 시간을 아무것도 이룬 것 없이 흘려보내야 했지. 그사이 병원은 다른 의사 몇 명을 고용해서 대신 환자를 돌보게 했지만, '공병우 원장에게 직접 치료를 받겠다.'고 버티다가 끝내 돌아가는 환자들이 하나 둘 늘기 시작하면서 병원 살림도 점점 쪼들리기 시작했어. 그러자 공병우를 걱정하거나, 욕을 하기까지 하는 사람도 늘어 갔어. 의사면 병원 일에나 집중할 것이지, 왜 잘 알지도 못하는 타자기 만드는 일에 매달려서 저렇게 시간과 에너지를 낭비하고 있느냐는 것이었지.

게다가 타자기에 조금 관심이 있는 사람들도 좋은 얘기를 해 주는 경우는 별로 없었어. 한글의 자음과 모음을 모두 풀어서 쓰지 않는 한 영문 타자기처럼 빠른 타자기를 만드는 것은 애초에 불가능한 일이라고 잘라 말하는 사람들도 있었지. 혹시 한글 타자기가 완성되더라도 글의 중간중간에 한자를 섞어 쓰지 못한다면 아무 의미가 없다고 이야기하는 사람들도 많이 있었어. 그때만 해도 한자를 모르면 신문도 읽을 수 없을 만큼 한자를 많이 섞어서 썼거든.

보통 사람들 같으면 대부분 그쯤에서 포기하고 말았을 거야. 연구는 꽉 막혀서 앞으로 나갈 길이 보이지 않고, 그사이 돈도 점점 떨어져 가면서 위기감이 몰려왔으니까. 가깝고 먼 사람들이 한목소리로 '그만하라.'고 충고를 하고 심지어는 가족들도 '이제 그만하시라.'는 부탁을 했어. 하지만 공병우는 어릴 때부터 한번 세운 결심은 쉽게 꺾는 사람이 아니었어. 그래서 선생님이나 선배에게 대들어 문제를 일으키기도 했지만, 고집스러운 노력으로 의사가 되고 박사 학위를 받기도 한 사람이었지. 한글 타자기 연구에 있어서도 그런 고집은 좋은 결실을 가져왔어.

어느 날, 새벽까지 타자기 글쇠를 만지작거리다가 겨우 잠을 자려고 누웠던 공병우의 머릿속에 문득 이런 생각이 떠올랐어.

'자음과 모음을 찍는 구멍(글자가 제 위치에 찍히도록 글쇠를 유도하는 홈)과 받침을 찍는 구멍을 따로 만들면 어떨까?'

받침을 찍는 과정을 따로 나누어 놓기만 하면, 받침이 있을 때는 종이가 받침을 찍을 때까지 기다리고, 받침이 없을 때는 그냥 옆으로 이동하면 되니까 일이 훨씬 간단해질 것 같았어.

공병우는 그대로 자리를 박차고 일어났어. 시계를 보니 새벽 네 시가 넘어가고 있었지. 하지만 다시 잠든다면 그 아이디어가 달아나 버릴 것만 같아서 곧장 옆방 문을 두드렸어.

옆방에는 함께 타자기 연구를 하던 동료 이임풍이 잠들어 있었어. 이임풍은 글씨 모양을 만드는 전문가였는데, 그 무렵에는 아예 공병우와 함께 먹고 자면서 타자기 만드는 일에 몰두하고 있었어.

이임풍이 눈을 비비면서 간신히 불을 켜고 앉았어. 공병우는 바로 자신의 아이디어를 설명했어.

"이 선생, 내게 좋은 생각이 떠올랐어요. 그동안 하던 것처럼 구멍 하나로 초성, 중성, 종성을 다 찍으려 해서는 도저히 해결이 될 수 없을 것 같아요. 그러니까 아예 구멍을 하나 더 만들어서 받침은 따로 찍게 하자는 거죠."

"구멍을…… 하나 더 만든다고요?"

이임풍은 상상하지도 못했던 이야기를 듣자 잠시 혼란스러운 듯 눈알을 굴리면서 생각에 잠겼어.

"그래요. 애초에 글자를 이루는 원리 자체가 영어하고 다른데, 영문 타자기의 방식으로 한글을 찍으려니 될 리가 없었던 거예요. 구멍이 두 개인 타자기. 그러니까…… 말하자면 '쌍초점식 타자기'라고 할 수 있겠어요."

이임풍도 갑자기 잠이 확 달아난 듯 눈을 반짝였어. 그렇게 하면 지난 몇 달 동안 골머리를 썩게 만들었던 문제가 해결될 거라는 확신이 들었기 때문이지. 영문 타자기를 비롯해, 다른 나라에서 먼저 만든 타자기를 변형시켜서 한글 타자기로 만들 생각만 하다 보니, 다른 나라 글자와 한글의 차이점에서 오는 문제를 해결할 수 없었던 거야. 하지만 한글에는 한글의 특성에 맞는 새로운 방식의 타자기가 필요하다는 생각을 해 내자 해답이 보였어.

공병우와 이임풍은 누가 먼저랄 것도 없이 작업실로 가서 자리를 잡았어. 그리고 다시 줄칼을 잡고 활자를 자르기 시작했지. 그 시간에 일을 시작한다고 해서 금방 완성할 수 있는 것도 아니었지만, 희망을 느끼자 잠시라도 그냥 누워 있을 수 없었던 거야. 한시라도 빨리 그 아이디어를 실현해 최초의 실용적인 타자기를 세상에 내보이고 싶었어.

그렇게 자음과 모음과 받침이 한 벌씩 있는 자판 구성을 '세벌식'이라 하고, 또 받침이 찍히는 구멍을 하나 더 만드는 방식을 '쌍초점 방식'이라고 해. 공병우는 이원익, 송기주가 만들었던 한글 타자기와 영문 타자기를 뜯어 하나하나 분석해 가며 밑바닥부터 배우고 연구한 지 6개월여 만에 '세벌식 쌍초점 한글 타자기'를 발명해 낼 수 있었던 거야.

아이디어를 얻었다고 해서 곧바로 한글 타자기가 완성된 것은 아니었어. 그 뒤로도 좀 더 편하고 빠르게 글을 쓸 수 있도록, 손가락에 들어가는 힘과 피로도까지 계산해 가며 몇 번이나 만들고 바꾸며 글자판을 조정했어. 전문 조각가에게 맡겨 구리 활자를 만들어 시제품(시험 삼아 만들어 본 제품)을 한 대 만들고, 그것을 대량 생산할 수 있게 설계도도 그려야 했지. 그것만 해도 다시 몇 년의 시간이 필요한 일이었어.

그러던 어느 날, 당대 최고의 문인으로 꼽히던 춘원 이광수가 눈병에 걸려 병원을 찾았다가, 공병우가 한글 타자기 발명에 성공했다는 소식을 들었어. 작업실로 올라가 완성된 시제품을 본 이광수는 깜짝 놀랐지.

"공 박사님, 이거 완성이 되면 1호 제품을 내가 쓸 수 있도록 해 주세요. 이야……, 이것만 있으면 이전에는 1년 걸려서 쓰던 글을 서너 달 만에 써 버리고, 남은 시간 동안에 다른 일을 할 수도 있겠는데요?"

이광수는 이미 예전부터 '한글 타자기는 위대한 발명품'이라고 극찬하고 있었어. 1934년 미국에 살던 송기주가 직접 만든 네벌식 한글

타자기를 가지고 들어왔을 때 여운형, 김병로 같은 지식인들과 함께 대대적인 환영회를 열기도 했고, 당시 신문에 '이 타자기 시스템을 인쇄기로 연결한다면 우리나라 문화에 일대 혁명이 일어날 것'이라고 주장하는 칼럼을 쓴 적도 있었지. 그런데 송기주 타자기보다 훨씬 발전된 방식의 한글 타자기가 실제로 완성되어 가는 모습을 직접 눈으로 보니 감격하지 않을 수가 없었던 거야.

그런 식으로 점점 소문이 나자 타자기를 직접 보기 위해 찾아오는 사람들도 하나씩 늘게 됐어. 얼마 뒤에는 미군정청(해방 뒤 대한민국 정부 수립 때까지 미군이 남한 지역에 군사 통치를 행하던 관청)의 관리가 찾아와 한글 타자기에 대해 자세히 묻고 가더니, 그 뒤로는 매주 토요일마다 들러서 일이 진척되는 상황을 확인하기도 했어. 미 군정청은 일본이 물러간 뒤 우리 정부가 세워지기 전까지 우리나라의 모든 행정을 대신 담당하던 기관이었는데, 미군들로 이루어져 있긴 했지만 한국인들을 상대로 일을 하려다 보니 한글 문서를 작성해야 할 때가 많았지. 그런데 그들이 원래 쓰던 영문 타자기처럼 편리한 한글 타자기가 없다 보니 여러 가지 불편함을 느낄 수밖에 없었어. 그런 마당에 한글 타자기가 거의 완성되어 간다고 하니 반갑지 않을 수가 없었던 거야.

공병우가 여러 차례 시제품을 만들고 그때마다 조금씩 문제점을 찾아 고친 끝에, 타자기의 원형을 완성하고 설계도를 그려 미국으로 보낸 때가 1949년이었어. 그리고 그 이듬해인 1950년에 드디어 완성된 한글 타자기 견본품 한 대를 받아볼 수 있었지. 미국의 타자기 회사는

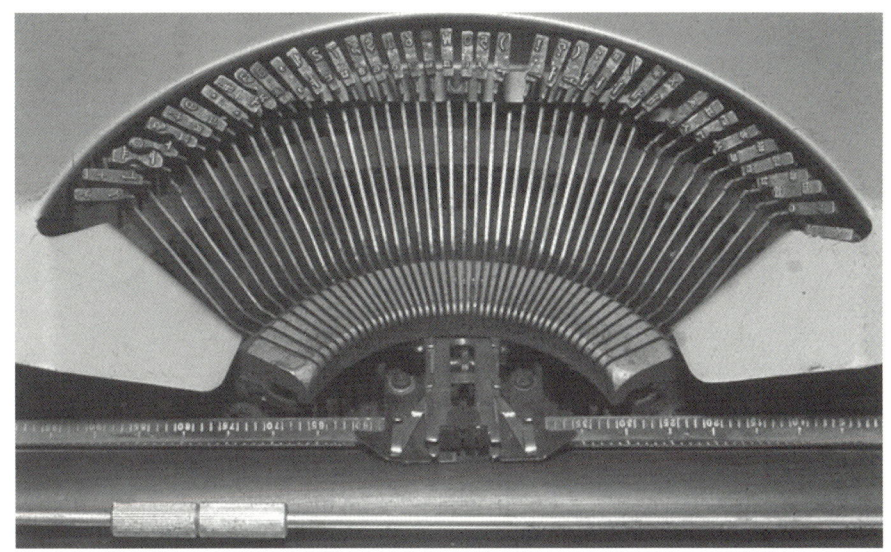

세벌식 공병우 한글 타자기의 글쇠.

글쇠가 걸리는 홈(초점)이 두 개인 공병우 타자기. 홈이 하나인 이전의 다른 타자기와 달리 쌍초점 방식이라 왼쪽 홈은 종성(받침)만 걸려서 찍힌다.

미국의 타자기 회사 언더우드에서 제작한 세벌식 공병우 타자기.

설계도대로 타자기 세 대를 만들어서 한 대는 주미한국대사로 있던 장면 박사, 또 한 대는 연세대학교를 설립한 언더우드 박사, 그리고 또 한 대는 발명가인 공병우에게 각각 보냈어. 그해 공병우는 한글 타자기의 쌍초점 방식으로, 한국인으로는 처음으로 미국에서 특허를 받는 기록을 세우기도 했어. 우리나라가 처음으로 실용적인 한글 타자기를 가지게 된 순간이었지.

# 3. 타자기에 바친 삶

## 전쟁과 타자기

막상 타자기가 나왔을 때, 모든 사람들에게 환영을 받은 것은 아니었어. 어느 백화점 1층에서 행인들을 대상으로 타자기를 소개하는 행사를 열었을 때는, 타자기를 구경하고 만져 본 사람들마다 고개를 가로젓는 바람에 마음이 상하기도 했어.

"한자를 쓸 수 없다고? 한자 없이 무슨 글을 쓴다는 말이야?"

"글자 모양이 이상하네. 기껏 써 놓아도 별로 읽고 싶지 않겠어."

당시는 한자를 많이 섞어 써야 유식한 사람으로 인정받던 시절이었어. 그러니 한글로만 쓰게 되어 있는 한글 타자기를 탐탁치 않게 여기는 사람들이 많을 수밖에 없었지. 게다가 타자기의 글자는 아무래도 손으로 쓴 것과 달리 모양이 각지고 뻣뻣하다 보니까 처음 본 사람들에게는 생소할 수밖에 없었어. 손으로 쓰는 것보다 훨씬 빠르게, 그리고 누구나 알아볼 수 있도록 정확하게 글씨를 찍어 낼 수 있다는 강점을 이해하기에는 사람들의 안목이 너무 부족했던 거야. 책처럼 인쇄된 글들을 많이 읽어야 문자의 기계화가 얼마나 중요한지 이해할 수 있는데, 그때까지 타자기가 없다 보니 인쇄된 책이나 문서를 접할 기회가 별로 없었던 데다 오랜 세월 동안 일본의 지배를 받으며 한글 자체를 접할 기회도 많지 않았던 당시 사람들에게는 어쩔 수 없는 일이었어.

그런 상황에서는 정부의 역할이 매우 중요하지. 국민들보다 앞서 나가면서 국민들이 교육과 문화를 누릴 수 있는 기회를 열어 주어야 해. 하지만 몇 해 전 시제품을 만들 때 군정청의 미군 장교들이 커다란 관심을 가지고 여러 가지를 지원해 주었던 것과 달리, 우리 정부의 관리들은 한글 타자기에 별 관심을 보이지 않았어. 옛날부터 한글을 무시하고 한자만 높이 떠받들던 지식인들이 가득한 정부 기관들에서는 한글만 쓸 수 있는 타자기라는 물건 자체를 탐탁지 않게 여기는 분위기마저 있었지.

역설적이게도, 한글 타자기가 본격적으로 주목받고 알려지기 시작한 것은 전쟁 때문이었어. 미국에서 완성된 한글 타자기가 도입되고 막 사람들에게 소개되던 때가 바로 1950년이었는데, 공교롭게도 그해 6월 25일, 너희도 알다시피 우리나라 역사에서 가장 끔찍한 전쟁이 시작되었어. 창설된 지 얼마 되지 않은 우리 국군만의 힘으로는 북한군의 공격을 이겨 내지 못했기 때문에 곧 미군들이 다시 들어와서 전쟁을 지휘하기 시작했어. 바로 그 미군 장교들이 전쟁을 치르며 긴급하게 쓰고 인쇄해서 나누어 줘야 하는 문서들을 만들기 위해 공병우가 만든 한글 타자기를 사용하기 시작한 거야. 이미 영문 타자기를 널리 사용하고 있던 미군들은 빠르게 쓰고, 누구나 정확히 알아볼 수 있게 쓰는 것이 얼마나 중요한 일인지 잘 알고 있었기 때문이지.

특히 미군들은 제2차 세계대전을 치르면서 타자기의 중요성을 절실하게 느꼈다고 해. 급박한 전투를 치르면서 주고받는 무전 내용들을 최대한 빨리 받아 적고 복사해서 휘하의 부대로 전달해야만, 수많은 군인들이 혼란에 빠지지 않고 일사불란하게 움직일 수가 있었거든. 그래서 모든 폭격기에는 1대, 순양함에는 35대, 항공모함에는 55대의 타자기가 설치되어야만 출동을 할 수 있을 정도였대.

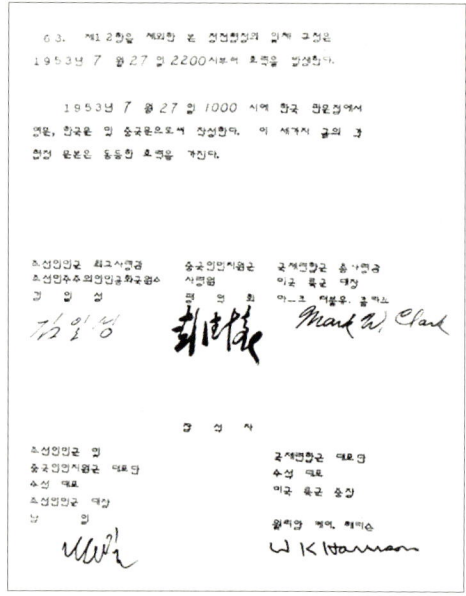
공병우 타자기로 친 휴전 협정문.

그렇게 타자기의 중요성을 잘 알고 있었던 미군들의 권유에 따라 국군에서도 점점 타자기를 쓰기 시작했고, 얼마나 편리하고 효율적인 기계인지 금세 깨닫게 됐지. 곧 국방부에서는 수백 대의 타자기를 주문했고, 군인들을 공병우에게 보내 타자 교육을 시켜 달라고 부탁하기도 했어.

1953년 7월 27일, 판문점에서 휴전이 이루어지면서 전쟁은 일단 끝을 맺게 돼. 그런데 그 휴전 협상 과정에서 양쪽의 주장을 받아 적으며 의견을 조율하는 문서들을 만든 것이 바로 공병우의 한글 타자기였어. 타결된 내용을 적어 넣고 양측 대표의 서명을 써넣은 휴전 협정문을 만든 것도 바로 공병우의 한글 타자기였어. 비록 끔찍한 전쟁의 와중이었지만, 빠르고 정확한 기록을 남기는 일의 중요성을 발견하고, 막 태어난 한글 타자기의 가치를 깨닫는 중요한 계기가 되었지.

## 타자기 사이의 삶과 죽음

　전쟁을 겪으면서 공병우 타자기의 가치가 인정을 받았다고 했잖아. 하지만 그 전쟁 통에 공병우가 목숨을 잃을 뻔한 일도 있었어.
　전쟁이 터지기 전, 이미 안과 의사로 이름을 날리고 있던 공병우의 병원에 법원 관리가 찾아온 적이 있었어. 경찰에서 조사를 받던 중 눈이 멀어 버린 사람이 있는데, 그 이유가 혹시 고문 때문인지 확인해 달라는 거였지. 만약 정말 눈이 멀 정도로 고문을 당한 게 사실이라면, 그 사람이 경찰서에서 수사를 받으면서 했던 모든 자백들이 법정에서는 무효가 될 수밖에 없거든. 물론 그렇게 되면 그 사람도 무죄로 풀려나게 될 가능성이 높고 말이야. 공병우가 교도소로 가서 직접 검사를 해 보았더니, 그 사람은 고문 때문이 아니라 당뇨병이 너무 심해서 생긴 백내장이라는 합병증 때문에 시력을 잃은 것이었어. 그래서 공병우는 직접 확인한 사실 그대로 법정에서 증언을 했어. 물론 그 사람은 죄가 그대로 인정돼서 유죄 판결을 받고 감옥에 갇혔어.
　그런데 그 일 때문에 공병우는 목숨을 잃기 직전까지 몰리게 되었어. 전쟁이 터지고 미처 피난을 하기도 전에 들이닥친 북한군에게 갑자기 체포된 거야. 잡혀 가서 알고 보니 전에 눈을 검사했던 그 죄수는 미군정의 통치를 혼란에 빠뜨리기 위해 일부러 위조지폐를 만들어서 유통시키려고 했던 '정판사 사건'의 주범 중 한 명인 이관술이라는 사람이었어. 그런데 그 사람이 공산주의자였기 때문에 '고문으로 눈이 먼 것이 아니다.'라고 법정에서 증언한 공병우가 북한군의 미움을 사게 된 거지.

"공병우, 너 이승만에게 돈 받았지? 아니면 미군정에서 받았나? 얼마나 받고 그따위 엉터리 진단을 내놓은 거야?"

북한 군인들은 다짜고짜 공병우에게 돈을 받고 거짓말을 했다는 자백을 하라고 윽박질렀어. 하지만 늘 고집대로 살아왔던 공병우가 북한 군인들의 협박에 쉽게 굴할 리가 없었지. 당장 끌려 나가 총살을 당할지도 모른다는 두려움은 있었지만, 그렇다고 없던 일을 있었다고 말하는 것은 죽기보다 싫은 일이었지. 그리고 사실 그 일이 거짓 증언이었다고 말한다고 해서 그들이 자신을 살려 줄 것 같지도 않았어. 그 이관술이라는 사람은 결국 대전 교도소에 갇혀 있다가 전쟁이 터지자마자 사형을 당하고 말았는데, 북한 군인들은 그 분풀이를 공병우에게 하고야 말겠다고 벼르는 것 같았거든. 그렇게 꼭 죽을 수밖에 없을 것 같던 상황에서 공병우의 목숨을 구해 준 것은 신기하게도 타자기였어.

며칠 동안 협박과 고문을 당한 뒤 유치장 바닥에 널브러져 '내일이면 죽을 수밖에 없겠구나.' 하고 절망하고 있던 공병우를 불러낸 군인이 이렇게 물었어.

"당신이 만들었다는 타자기 말인데……. 그 타자기의 설계도를 그려서 조국에 바칠 수 있겠소?"

공병우는 정신이 번쩍 들었어. '이 사람들이 한글 타자기의 가치에 대해 알고 있구나.' 하는 생각이 들었고, 그렇다면 타자기 덕분에 목숨을 건질 수도 있겠다는 희망이 보였어. 그래서 이렇게 답했지.
"물론이지요. 제가 우리 민족을 위해 연구해서 만든 것인데, 왜 하지 않겠습니까?"

얼마 뒤 그 군인은 공병우를 집에서 압수해 온 타자기가 놓인 책상 앞에 앉히더니, 한번 쳐 보라고 시켰어. 공병우는 타자기 자판은 보지도 않은 채 타자기 옆에 놓인 국어책의 한 쪽을 '타다닥' 하고 순식간에 쳐 보였지. 그걸 지켜보고 있던 군인들이 웅성거리기 시작했어.

"이야……, 이 기계만 있으면 소련군보다도 더 빠르게 사무 처리를 할 수가 있겠는걸?"

북한의 전쟁 준비를 도와준 소련의 군인들이 무슨 일이든 타자기를 이용해 뚝딱 처리하는 반면, 북한 군인들은 일일이 손으로 받아 적느라고 훨씬 많은 시간을 소모해야 했거든. 예를 들어 소련과 북한의 군인들이 모여서 회의를 하고 나면, 소련 군인들은 불과 몇 시간 안에 그 회의 내용을 러시아어로 적은 문서를 만들어 냈지만 북한 군인들은 하루 이틀이 지나서야 그게 가능했던 거야. 그러다 보니 소련 군인들이 자꾸 시간을 잡아먹는 북한 군인들을 원망하거나 무시하는 일도 생길 수밖에 없었고 말이야. 그런데 공병우의 타자기만 얻게 된다면, 더 이상 소련 군인들을 부러워할 필요도, 그들에게 무시를 당할 이유도 없겠다고 생각한 거야.

그 뒤로 공병우는 총살의 공포와 유치장의 차가운 바닥을 벗어날 수 있었어. 이제 북한 군인들은 공병우를 편안한 곳에 모셔 두고 타자기를 만들고 치는 기술을 얻어 내려고 애쓰기 시작했어.

계속 그곳에 남아 있었다면, 북한 군인들이 타자기에 관한 기술들을 모두 뽑아낸 다음 공병우를 어떻게 했을지 상상하기 어려워. 극진히 대접하면서 더 좋은 타자기를 개발하도록 지원했을지도 모르지만, 이용 가치가 모두 사라졌다고 판단하고 냉큼 끌고 나가서 총살을 해 버렸을 수도 있지. 하지만 점점 감시의 눈길이 옅어지자 공병우는 그 틈을 타서 탈출하는 데 성공했고, 천신만고 끝에 부산으로 내려와 결국 가족들의 품에 안길 수 있었어.

전쟁이 터지기 전, 공병우의 부인은 병원 운영도 뒤로 밀쳐 둔 채 타자기 연구에만 몰두하던 공병우를 늘 걱정스럽고 때로는 원망스러운 눈으로 보곤 했어.

"여보, 발명도 좋고 타자기도 좋지만, 이러다가 당장 병원이 망하면 가족들은 어떻게 먹고살아요? 또 매일 병원에 왔다가 돌아가는 환자들은 어떻게 하고요. 발명을 하더라도 병원에서 환자들 돌보는 일이 우선 아니에요?"

그럴 때면 공병우는 이렇게 말하곤 했어.

"요즘처럼 혼란스러운 시대에 돈이나 명예, 자신의 이익에만 몰두하는 사람은 목숨을 부지하기 어려워요. 하지만 민족 전체를 위해 무언가 하는 사람은 위급한 순간에 꼭 구원을 받을 수 있을 겁니다. 한글 타자기를 만드는 것은 우리 민족 모두에게 큰 이익을 가져다주는 일이니까 당신도 조금만 더 참고 기다려 줘요."

그리고 꼭 그 말처럼, 공병우는 한글 타자기 덕분에 목숨을 건질 수 있었어.

 이념도 다르고 이해관계도 다르지만, 우리 민족 혹은 인류 전체와 문화를 위해 노력하고 기여하는 사람은 누가 보더라도 꼭 필요한 사람이기 때문에 그 사람을 쉽게 해칠 수 없다는 말이야. 지금은 전쟁을 치르는 시대는 아니지만, 사람들이 저마다 자신의 이익만을 위해 아귀다툼을 벌이는 요즘에도 꼭 명심하고 생각해 볼 만한 이야기인 것 같아.

## 한글 타자기 열풍이 불다

전쟁이 끝나자 한글 타자기는 대단한 인기를 모으기 시작했어. 이천 자, 그러니까 이백 자 원고지 열 장쯤 되는 글을 쓴다고 치면, 손으로는 한 시간쯤 걸리지만 타자기로는 20분도 채 안 걸릴 만큼 빨랐을 뿐만 아니라 누가 보더라도 정확히 읽을 수 있는 깔끔한 글자체였기

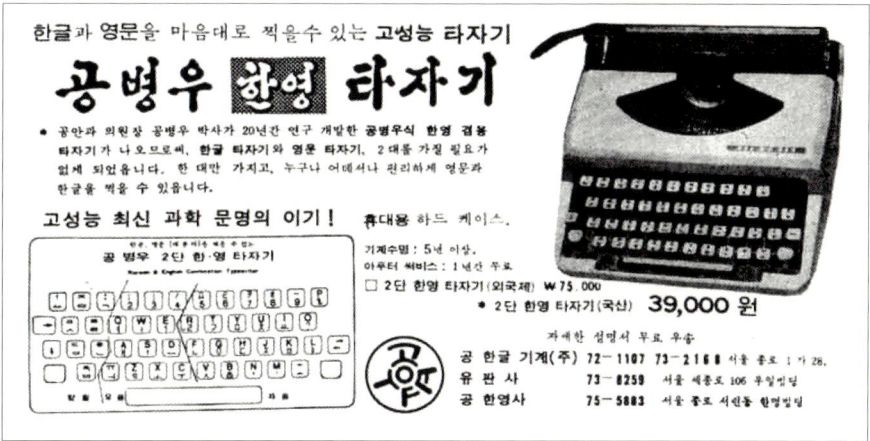

공병우 타자기를 광고하는 전단지와 신문 광고.

때문이야. 그런 타자기의 힘을 전쟁 중에 똑똑히 체험한 군인들이 제일 먼저 타자 배우기에 나섰어.

전쟁이 끝나자마자 국방부에서는 타자기 수백 대를 사서 각 부대에 보급하고, 또 육해공군 각 부대에서 타자 교육을 담당할 장교들을 뽑아서 공병우에게 보내 먼저 타자 교육을 받도록 했어. 특히 그 시절 여군들에게는 대개 문서 작성 같은 간단한 일을 맡기곤 했는데, 그래서 여군들은 대부분 공병우가 발명한 한글 타자기를 배운 다음 각 부대로 배치되었어.

그렇게 군대에서 먼저 타자기를 쓰자 곧 군청, 면사무소 같은 국가 기관으로 타자기 사용이 확산됐고, 공무원들도 하나둘 타자를 배우기 시작했어. 군인이나 공무원이 되고 싶은 학생들도 물론 타자 연습을 열심히 해야만 했지. 국가 기관이 아닌 일반 회사들도 점점 타자기를 사용하게 되었고 말이야.

공병우 타자기는 값이 싸서 더욱 널리 보급될 수 있었어. 1960년대 중반 쯤 공병우 타자기 한 대 값이 5만 2천 원 정도였는데, 그 무렵 대기업 신입 사원의 첫 월급이 만 2천 원 정도였다고 하니까 대학을 졸업하고 막 취직한 직장인이 다섯 달 치 월급을 몽땅 모아야만 살 수 있을 정도로 비싼 물건이긴 했어. 하지만 비슷한 시기에 미국에서 수입해 팔던 영문 타자기가 16만 원 정도 했던 것과 비교하면

3분의 1밖에 되지 않는 수준이었지. 그러니까 타자기라는 것이 애초에 정부나 회사에서 마련하지 않는 한 개인들은 살 생각도 할 수 없는 물건이었던 것을, 공병우 타자기의 경우에는 그나마 작가나 교사같이 꼭 필요한 개인이 돈을 모아서 살 수 있을 정도로까지 가격을 낮춘 셈이지.

공병우 한글 타자기의 인기가 높아지자 다른 종류의 한글 타자기들도 등장하기 시작했어. 대표적인 것으로 다섯벌식으로 만들어서 글씨체가 예쁘기로 유명했던 '김동훈 타자기'가 있어. 하지만 속도와 가독성(쉽게 알아볼 수 있는 성질)에 충실했던 공병우 타자기의 인기를 따라갈 수는 없었는데, 해마다 열리던 각종 타자 대회에서 늘 공병우 타자기를 가지고 출전한 선수들이 1등을 차지하는가 하면 해마다 가장 많이 팔리는 타자기도 역시 공병우 타자기였어. 1970년에 어느 신문이 집계한 것을 보면, 1969년 말까지 우리나라에서 사용되고 있던 전체 한글 타자기 10만여 대 중 6만여 대가 공병우 타자기였다고 해.

다섯벌식 김동훈 타자기와 자판 배열.

더 많은 사람들에게 보급하고 싶어서 최대한 낮은 가격을 붙이긴 했지만, 공장에서 만들어 내자마자 팔려 버려서 대리점 주인들이 '없어서 못 판다.'고 아우성을 쳤을 정도로 공병우 타자기는 큰 인기를 끌었어. 그렇게 타자기가 날개 돋친 듯 팔려 나갔으니, 당연히 공병우도 큰돈을 벌 수 있었어. 하지만 공병우에게 돈은 그리 중요한 문제가 아니었어.

아마 공병우가 더 큰돈을 모으고 싶었다면 공장을 더 크게 지어서 사업도 크게 벌이고, 타자기 가격도 더 비싸게 매겼을 거야. 하지만 어느 만큼 한글 타자기가 자리를 잡았다고 생각하자, 공병우는 미련 없이 회사를 떠났어. 그 무렵 여러 명의 전직 장관이나 고위 공무원들이 모여서 만든 '중경재단'이라는 커다란 문화 재단이 한글 타자기 보급 사업에 관심을 가지고 있었는데, 공병우는 그 재단에 한글 타자기에 관한 사업을 모두 넘겨 버리고 병원으로 돌아갔어. 자기가 만든 한글 타자기를 더 발전시키고 널리 보급하는 일을 끝까지 하고 싶은 욕심도 있었지만, 그런 일은 기업 운영에 능숙한 이들에게 맡기는 게 더 낫다고 생각했기 때문이야. 더구나 중경재단에는 정부와 밀접한 관계가 있는 사람들이 많았기 때문에, 한글 타자기가 국가적인 차원에서 발전되고 보급될 수 있는 좋은 기회라고 여겼기 때문이기도 해.

그사이 병원도 무럭무럭 성장하고 있었어. 공병우가 돌아와 직접 환자들을 돌보기 시작하자 더 많은 사람들이 북적대기 시작했지.

공병우는 1960년대 중반 이후 십수 년 동안이나 해마다 우리나라에서 돈을 제일 많이 벌고 세금을 제일 많이 낸 사람 중 한 명으로 신문에 이름을 올렸어. 특히 1978년에는 우리나라 의사들 중 두 번째로 돈을 많이 번 사람으로 꼽히기도 했는데, 그해에 벌었다고 신고한 돈이 그 무렵 가장 인기 있던 가수나 코미디언 같은 연예인들이 신고한 액수보다 열 배쯤이나 많을 정도였지.

# 4. 끝없는 도전

## 잘못된 일에 맞서 싸우다

공병우가 농업학교에 다니던 시절 선배나 교장 선생님의 잘못을 지적하고 대들다가 퇴학을 당할 뻔했다는 얘기를 기억하지? 그런데 그건 그저 어릴 때 한두 번 있었던 일에 불과한 게 아니야. 잘못됐다고 생각하는 일에 대해 소신껏 비판하고 저항하는 것은 공병우가 평생 한 번도 타협하지 않은 원칙이었어. 전쟁이 나고 북한군들에게 끌려가서 총살의 위협을 받을 때도 거짓 증언만은 하지 못했던 것처럼 말이지.

해방되기 전이었던 1939년, 일본의 조선총독부가 원래 모든 사람들에게 열려 있던 의사 자격시험 응시 기회를 의과대학 졸업생들에게만 주기로 결정한 적이 있었어. 원래 그 이전까지는 어디서든 공부를 해서 실력을 갖추고 자격시험을 통과하면 의사가 될 수 있었거든. 그런데 갑자기 정책이 바뀌면 공병우처럼 의과대학을 나오지 않고 강습소 같은 곳에서 혼자 실력을 쌓은 사람은 의사가 되는 길이 없어지는 것이었지. 공병우는 우리나라가 어느 학교를 나왔는가를 따지는 학벌주의 사회가 돼서는 안 된다는 신념을 가지고 있었고 누구나 실력만 갖췄다면 의사든 무엇이든 될 수 있어야 한다고 믿었어. 의대 출신이라고 해서 특권을 주면, 그것은 의대를 나오지 않은 사람들에 대한 차별일 뿐만 아니라 의대에서 공부하는 학생들도 더 열심히 할 이유를 잃어버리게 만드는 아둔한 일이라 생각한 거야. 그래서 공병우는 비슷한 생각을 가진 의사들을 모으고 제일 앞에 나서서 의대 출신에게만 허용되는 자격시험 폐지 운동을 벌이기도 했어.

해방이 된 뒤에도 마찬가지였어. 1964년 정부가 얼마 되지 않는 보상금을 받고 일본과의 관계를 회복시키려고 하자 수많은 대학생과 시민들이 반대를 하고 나섰던 적이 있어. 36년의 식민 지배 동안 저질렀던 수많은 잘못에 대해 일본이 제대로 사과를 하지 않고 보상도 하지 않았는데 그냥 용서하고 화해를 해서는 안 된다고 생각하는 사람들이 많았기 때문이야. 예컨대 지금까지도 일본으로부터 종군위안부 할머니들이나 강제징용 노동자들의 임금과 보상금, 그리고 제대로 된 사과를 받아 내지 못하는 것도 그때 너무 쉽게 일본을 용서하고 관계를 회복해 버렸기 때문이기도 하거든. 하지만 당시 권력자들은 국교 회복의 대가로 얼른 적은 돈이라도 받아 고속도로나 제철 공장 같은 큼직큼직한 산업 시설들을 만들어 보이고 싶었어. 그래야 쿠데타(무력으로 정권을 빼앗는 일)로 정권을 쥔 군사정부가 국민들에게 조금이라도 더 지지를 받을 수 있으리라 생각했거든. 권력자들은 무력을 동원해 한일회담을 반대하는 사람들을 강제로 진압하려 했고, 거리에서 최루탄(눈물샘을 자극하여 눈물을 흘리게 하는 약이나 물질을 넣은 탄환)을 엄청나게 쏘아 댔기 때문에 서울 시내 하늘은 늘 매운 최루가스로 가득한 지경이었지.

바로 그때도 공병우는 나섰어. 최루가스가 시민들의 눈 건강에 얼마나 나쁜 영향을 미치는지 경고하면서 최루탄을 함부로 쏘지 말라고 공개적으로 요구했던 거야.

"최루탄 연기를 쐬고 눈을 비비면 결막염에 걸릴 수 있고, 특이체질인 경우에는 실명까지 당할 수도 있습니다. 당국은 시민들에게 최루탄을 함부로 쏘는 것을 중단해야 합니다." (경향신문 1964년 4월 22일자)

'최루탄은 위험. 전문의들 경고한다' 라는 제목이 붙은 경향신문 기사. 공병우 박사는 기사를 통해 특이체질의 경우 실명할 위험까지 있다며 최루탄을 쏘지 말라고 당국에 요청했다.

　　군대를 동원해 정권을 잡은 박정희 대통령의 서슬 퍼런 기세에 눌려 웬만한 정치인들도 겁을 먹고 제 목소리를 내지 못하던 시절, 한 명의 안과 의사가 전 국민의 건강과 안전을 위해 용감하게 앞장섰던 일이야.

　　그런데 이미 공병우의 나이도 환갑이 다 되어 가던 1969년, 또 한 번 정부의 거대한 힘 앞에 맞서 싸워야 하는 일이 생기고 말았어. 그리고 이번에는 한두 해 안에 끝나지 않을, 공병우의 남은 삶 모두를 바쳐야 하는 기나긴 싸움이 되고 말았지. 바로 한글 타자기와 한글 기계화의 미래를 지키기 위해 해야만 하는 싸움이었어.

## 민주적이고 과학적인 표준을 세우기 위하여

민주주의는 그 사회를 구성하는 사람들 하나하나가 다 동등한 가치를 지니고 있음을 인정하고 존중하는 질서를 가리키는 말이야. 모두의 가치가 동등하니까 누구의 생각이 다른 사람의 생각보다 더 중요하거나 덜 중요할 수는 없는 일이잖아? 그러니까 민주주의 사회에서는 수많은 사람들의 뜻을 모으고 행동을 일치시키기 위해 활발한 토론을 거쳐 서로를 설득시켜야 해. 모든 사람이 자유롭게 생각하고 표현할 자유를 보장하는 '사상과 표현의 자유'가 정말 소중한 이유가 바로 거기에 있고, 그래서 토론을 민주주의의 꽃이라고 부르기도 해.

하지만 불행하게도 우리나라에서 민주주의가 자리를 잡은 것은 그리 오래되지 못했어. 공병우가 살았던 세월 동안은 민주주의가 제대로 살아 숨을 쉴 수가 없었지. 일본 제국주의가 한국인 전체를 노예로 삼고 억압하던 시대를 지나, 남북 동족상잔의 끔찍한 전쟁을 경험했고, 그 뒤에는 전쟁을 치르면서 힘이 세진 군인들이 총칼의 힘으로 권력을 쥐고 국민을 협박하고 억압하는 시대가 이어졌기 때문이야. 너무나 많은 사람이 일본 제국주의와 이승만, 박정희 독재 정권에 억울하게 목숨을 잃거나 짓밟혔고, 그 부정한 권력과 싸우다가 희생되었지. 비단 사람에게만 해당되는 일도 아니었어. 한글 타자기라는 훌륭한 과학적

발명품의 운명 역시 비민주적인 사회에서는 평탄할 수가 없었어.

전쟁을 치르면서 한글 타자기의 효율성이 널리 알려졌다는 얘기를 했었지? 하지만 전쟁이 끝난 직후 하마터면 한글 타자기의 수명이 끝나 버릴 뻔한 일도 있었어. 전쟁 막바지에 겨우 서른두 살의 나이로 육군 참모총장이 된 백선엽이라는 군인이 있었어. 원래 해방 전에 일본군 장교로 일하면서 일본군을 이끌고 독립군을 토벌했던 사람이지. 그런데 해방 후에는 미군들과 친하게 지내면서 국군 지휘관으로 변신해 승승장구했는데, 그러다 보니 한글보다는 일본어와 영어, 그리고 한문을 훨씬 좋아하고 편하게 사용했어. 그런데 공병우 타자기로는 한글밖에 쓸 수가 없으니 그 사람의 입장에서는 불편하기 짝이 없었지. 그래서 육군 참모총장이 되자마자 부하들에게 '앞으로는 군대 안에서 쓰는 모든 공문은 한글과 한자를 섞어서 쓰도록 하라.'고 지시를 했던 거야. 그러니 모든 부대에서 타자기를 창고에 처박아 두고 펜으로 하나하나 문서를 작성할 수밖에 없게 되었지.

물론 그 사람도 임기가 정해져 있어 다행스럽게도 그 뒤에는 다시 한글로만 작성한 공문을 쓰면서 타자기가 창고에서 나오게 되었어. 하지만 한 사람의 독단적인 생각과 행동이 거대한 조직과 수많은 사람들을 어떻게 좌지우지할 수 있는지 보여 주는 사례였지.

그런데 정작 엄청난 시련이 닥친 것은 그로부터 십수 년이 지난 뒤였어. 한글 타자기가 한창 선풍을 일으키고, 그에 따라 온 나라 사람들이 한글을 폭넓게 사용하면서 어려운 한자의 족쇄에서 빠져나오고 있

끝없는 도전

던 1969년에 정부가 '자판 표준안'을 발표했는데, 그게 너무나도 엉터리였기 때문이야.

그 당시에 한글 타자기는 공병우가 만든 것 말고도 김동훈식, 송계범식 등 여러 가지가 나와 있었지만, 대체로 사람들이 많이 사용하는 것은 두 종류였어. 속도를 강점으로 하는 공병우 타자기와 예쁜 글씨체가 장점인 김동훈 타자기가 그것이었지. 물론 사람들이 가장 많이 사용하는 것은 세벌식의 공병우 타자기였고, 다섯벌식의 김동훈 타자기를 쓰는 사람은 그 절반이 채 되지 않았지만 그래도 나름의 장단점이 있었기 때문에 쉽게 한쪽으로 쏠리지 않고 균형을 이루고 있었어. 그렇다고 공병우와 김동훈, 두 사람이 서로 경쟁만 한 것은 아니었어. 서로의 강점을 바탕으로 조언을 해 주며 서로 돕는 관계이기도 했어. 특히 공병우는 김동훈에게 '차라리 회사를 합쳐서 두 가지 강점을 두루 갖춘 타자기를 개발해 보자.'고 제안한 적도 있었지. 아쉽게도 두 회사가 합쳐지는 데는 실패했지만 말이야.

어쨌든 타자기가 두 가지 방식으로 나뉘어 있다 보니 불편한 점이 있었어. 공병우 타자기를 치는 법만 배웠는데 취직을 하고 보니 사무실에 김동훈 타자기밖에 없다거나, 반대로 김동훈 타자기를 치면서 일을 하던 사람이 직장을 옮겨서 다시 처음부터 공병우 타자기 치는 법을 배워야 한다거나 하는 일들이 벌어지곤 했던 거야. 그리고 만약 그 뒤로 또 다른 사람이 새로운 타자기를 개발해서 새 자판을 선보인다면, 그런 혼란은 더 심해질 수도 있었어.

처음에 정부에서 표준 자판을 선정하려고 한 이유는 그런 혼란을 줄이기 위해서였어. 그래서 표준 자판 선정은 언젠가는 꼭 이루어져야 하는 일이기도 했지. 사람들은 당연히 더 많은 사람들이 사용하고 있고, 더 효율성이 뛰어난 데다 세종대왕의 한글 창제 원리를 그대로 살린 공병우 타자기의 자판이 표준으로 인정받을 거라고 생각했지.

공병우 타자기의 글자체.

김동훈 타자기의 글자체.

그런데 1969년 7월 28일, 과학기술처가 정부 표준 자판을 발표하자 모두 깜짝 놀랄 수밖에 없었어. 공병우의 세벌식 자판도, 김동훈의 다섯벌식 자판도 아닌 네벌식 자판이 표준으로 선정되었기 때문이야. 네벌식 자판은 자음을 찍는 글쇠 한 벌에다가 두 종류의 모음(옆으로 붙는 것과 아래로 붙는 것), 그리고 받침을 찍는 글쇠를 각각 한 벌씩 두는 방식을 말해. '김동훈식은 속도가 너무 느리고, 공병우식은 글자 모양이 너무 과격하다.'는 게 이유였는데, 그러다 보니 속도는 공병우식 자판보다 느리고 글씨체는 김동훈식 자판보다 못생긴 애매한 성격의 타자기가 나오게 되었어. 그럼에도 불구하고 과학기술처에서는 '어느 특정한 개인의 방식을 국가의 표준으로 삼을 수 없다.'는 이상한 이유를 들어 그 어떤 면에서도 효율적이거나 우수하지 못한 자판을 표준으로 선언해 버리고 말았던 거야.

　각계에서 비판이 빗발치기 시작했어. 각자 타자기를 개발했던 공병우, 김동훈, 송계범 등은 물론이고 주요한 같은 작가나 최현배, 임종철 같은 한글 학자들도 한결같이 정부의 잘못된 결정을 비판했어. 물론 언론들도 마찬가지였는데, 조선일보는 정부의 표준안이 '공병우식과 김동훈식의 단점만 한데 모아 놓은 졸작'이라고 혹평했고, 동아일보는 그런 문제들이 '지나친 비밀주의와 졸속주의에서 비롯된 것'이라고 지적하기도 했어.

정부가 공병우 타자기의 세벌식 자판을 표준으로 선정하지 않은 이유는, 걸핏하면 정부의 잘못을 지적하고 비판하는 공병우를 못마땅하게 생각해 온 권력자의 생각이 반영되었기 때문이기도 해. 한일 회담 반대 시위가 한창일 때 '최루탄이 국민 눈 건강을 심하게 해친다.'며 최루탄을 함부로 쏘아 대는 경찰을 공개적으로 비판하는가 하면, 박정희 대통령이 취임한 이후 정부 기관 공문 등에서 계속 한자를 섞어 쓰도록 하면서 오히려 이승만 대통령 시절보다도 한글 전용이 후퇴한 것에 대해 한글 학자의 입장에서 한 쓴소리를 괘씸하게 생각하는 사람이 정부 고위층에 여럿 있었던 거야.

　정부의 표준안은 아주 중요한 문제야. 표준안이 나오자 이제 정부 기관과 군부대 등에서는 모두 네벌식 타자기만 사용해야 했고, 곧 다른 개인 회사들로 그런 움직임이 번져 나갈 수밖에 없었어. 그러다 보니 나라 전체의 시간 낭비와 비효율은 돈으로 다 따져서 계산할 수도 없을 정도로 심했을 뿐만 아니라, 출판 산업과 문화 발전에까지도 나쁜 영향이 미칠 수밖에 없었어.

사실 그 무렵에는 이미 타자기 사업을 중경재단에 내준 뒤였기 때문에 공병우식 자판을 표준으로 삼든 그렇지 않든 공병우 개인의 이익과는 별 관계가 없었어. 하지만 공병우는 올바른 표준을 세우는 것이 얼마나 중요한 일인지 너무나 잘 알고 있었지. 공병우가 그렇게 잘못된 일을 보면서 가만히 구경만 할 사람도 아니었고 말이야.

공병우는 정부의 네벌식 자판 표준안에 반대하는 많은 학자들과 함께 학술회의를 열어 네벌식의 문제점과 세벌식의 우수성을 지적했고, 그런 내용을 유인물로 만들어 사람들에게 나눠 주며 알리기도 했어. 물론 많은 신문과 잡지들도 뜻을 함께했고, 많은 사람들이 공감하며 정부의 잘못된 결정을 비판했어.

하지만 독재 정부는 늘 국민들보다 자신이 위에 있다고 생각하는 사람들로 이루어져 있고, 자신들의 결정에 대해 비판하고 저항하는 걸 견디지 못하지. 1970년 『현대한국』이라는 잡지는 공병우의 사진과 글을 실어 주었다는 이유로 폐간을 당했고, 1978년에는 '주간시민'이라는 신문이 국회에서 자판 통일 문제에 관한 야당 의원의 질문에 과학 기술처 장관이 거짓으로 답변한 것을 비판하는 글을 실었다가 역시 폐간을 당했어. 정부는 한글 학자 허웅을 비롯한 많은 사람들이 한글 글

정부의 졸속적인 자판 표준안에 반대하는 동아일보 기사. '공청회 한 번 안 열어 쉬쉬 속에 네벌식 확정'이라는 제목이 붙어 있다.

자판 표준안에 대한 학술회의를 열려는 것을 방해하고 강제로 무산시키기도 했지. 공병우의 고초는 더 말할 것도 없을 정도였어. 남산에 있던 '중앙정보부'라는 정보기관에 잡혀가서 며칠씩이나 심문을 받고 협박을 당하기도 했으니까.

결국 잘못된 정부의 표준안을 바로잡는 일은 성공하지 못했어. 십수 년이나 지나고 정부가 바뀐 1983년 8월 26일에 드디어 네벌식 자판 표준안이 폐기되긴 했지만, 이번에도 세벌식 자판은 표준으로 선정되지 못하고, 비슷하게 문제가 많은 두벌식 자판이 표준으로 결정되고 말았어.

두벌식 자판이란 자음과 모음 글쇠를 각각 한 벌씩 만드는 방식인데, 네벌식보다 속도가 빠르긴 했지만 초성, 중성, 종성이 모여 하나의 글자를 이루는 한글 창제의 원리와 어긋나다 보니 타자를 치는 중간 중간 '쉬프트 키'를 눌러 줘야만 하는 등 불편하고 부자연스러운 면이

적지 않았어. 그래서 타자를 오래 칠수록 손도 피로해지고 속도도 점점 느려질 수밖에 없었지. 모든 한글 학자들과 타자기 기술자들이 세벌식의 우수성을 주장하는데도 굳이 두벌식을 표준으로 제정한 것은, 다시 총칼의 힘으로 권력을 잡은 또 하나의 군사 독재 정권이 네벌식 표준 자판의 문제점은 인정하면서도 역시 고분고분하지 않은 공병우의 자판을 표준으로 삼고 싶어 하지 않았기 때문이야.

    그 결과 오늘날까지도 세벌식 자판은 표준의 자리를 회복하지 못했고, 수십 년의 세월 동안 우리는 굳이 치르지 않아도 됐을 시간과 효율성의 낭비를 감수해야만 했어. 물론 이제 타자기 대신 컴퓨터를 이용해 글을 쓰기 때문에 두벌식과 세벌식의 효율성 차이가 예전처럼 크지는 않아.

 두벌식과 세벌식은 어떤 차이가 있는지 알아볼까?

### 두벌식

두벌식은 자판을 자음과 모음, 두 벌로 나누어 왼쪽에 자음을 오른쪽에 모음을 둔 방식이야. 두벌식의 장점은 기호와 숫자의 배치가 영문 쿼티 자판과 같고, 한글을 쓸 때 입력에 필요한 글쇠의 수가 적어 배우기가 쉽다는 거야.

하지만 초성(자음), 중성(모음), 종성(받침)으로 이루어지는 한글 구성 원리에 맞지 않아 초성과 종성을 같이 입력하는 왼손이 오른손보다 많이 피로해지고, 세벌식 자판보다 속도가 느려. 자판 수가 적어 오타가 많고, '도깨비불 현상'도 문제야. 도깨비불 현상은 초성이 될 자음이 바로 앞 글자의 종성으로 먼저 붙는 현상이야. '여름'이라는 단어를 치면 'ㅇ → 여 → 열 → 여르 → 여름' 이런 순서로 입력이 되는데, 밑줄 그은 것처럼 'ㄹ'이 '여'에 붙어 쓰려는 글자와 상관이 없는 '열'로 표시되어 방해가 되는 거야.

### 세벌식

세벌식은 한글 구성 원리에 따라 초성과 중성, 종성이 각 한 벌씩 있는 자판이야. 왼쪽에 종성, 가운데에 중성, 오른쪽에 초성이 배치되어 있지. 두벌식에서는 '각'을 쓸 때 초성과 종성에 같은 'ㄱ'을 쓰지만, 세벌식에서는 초성 'ㄱ'과 종성 'ㄱ'이 따로 있어. 세벌식은 두벌식에 비해 글쇠 수가 많아 배우기가 조금 더 어렵기는 해.

세벌식의 큰 장점은 무엇보다 속도가 빠르다는 거야. 한글 구성 원리에 따라 초, 중, 종성을 따로 입력하기 때문에 물 흐르듯 리듬감 있게 입력할 수 있지. 왼손에 무리가 가는 두벌식과 달리 양손의 부담도 고른 편이야. 도깨비불 현상도 발생하지 않아. 동시치기가 가능한 것도 장점이야. '강'이라는 글자를 칠 때, 'ㄱ, ㅏ, ㅇ'을 동시에 쳐서 입력하는 거지. 세벌식은 컴퓨터의 메모리도 적게 소모한다고 해.

1983년 두벌식이 국가 표준으로 지정되면서 지금은 대부분의 자판이 두벌식으로 만들어져 사용되고 있어. 너희들이 흔히 사용하는 자판이 바로 두벌식이지. 하지만 여전히 세벌식을 쓰는 사람도 많아. 잘못된 표준 탓에 더 많은 사람들이 두벌식에 익숙해져 있을 뿐인데, 지금부터라도 더 먼 미래를 위해 세벌식 자판으로 표준을 바꿔야 한다고 주장하는 사람들도 많이 있어.

## 모두를 이롭게 하는 삶

안과 의사와 한글 타자기 발명가. 정말 어울리지 않는 두 가지 일이라고 생각할 수도 있어. 하지만 공병우에게 그 두 일은 결국 똑같은 것이기도 했어. 사람의 눈을 뜨게 해 주는 일이니까 말이야. 안과 의사가 육체적인 눈을 뜨게 하는 일이라면, 한글 타자기는 우리 민족의 문화적인 눈을 뜨게 하는 일이라고 할 수 있지 않겠니?

공병우는 한평생 단 한 번도 빈둥거리거나 멈추어 서서 만족하며 사는 법이 없었어. 하나를 이루면 또 다른 목표를 세워서 이루기 위해 노력했고, 또 나이를 많이 먹은 뒤에도 결코 늦었다고 생각하지 않고 늘 새로운 도전에 거리낌이 없었어. 농업학교 시절 의사가 되겠다고 과감히 도전했고, 의사가 된 뒤에는 박사 학위를 받고 우리나라 최초의 개인 안과 병원을 세우는 일에도 도전해서 성공했지. 서른이 넘은 나이에 한글을 새로 배웠고, 마흔이 가까운 나이에 발명이라는 완전히 새로운 세계에 뛰어들어 다시 대단한 성과를 남겼어.

여든 가까운 나이가 됐을 때도 연구와 발명을 놓지 않았고, 타자기와 컴퓨터의 중간쯤에 해당하는 전동식 한글 타자기를 개발했지. 심지어 여든이 넘어서도, 개인용 컴퓨터가 보급되기 시작하자 다른 어떤 젊은이들보다도 빠르게 컴퓨터를 배우고 연구해서 컴퓨터용 한글 프

한글문화원에서 회원들에게 워드프로세서를 설명하는 공병우 박사(가운데 컴퓨터 앞).
한평생 한글 기계화를 고민했던 공 박사는 컴퓨터가 나온 이후에는 한글 워드프로세서, 한글 글자체 개발에 매진했다.

로그램을 만드는 데 몰두하고, 컴퓨터에서 쓸 수 있는 한글 글자체를 개발하기도 했어. 바로 지금 너희들이 사용하고 있는 한글 워드프로세서(문서 작성, 수정, 인쇄를 할 수 있는 컴퓨터 프로그램) 역시 여러모로 공병우의 영향과 도움을 받아 만들어지게 되었다는 사실도 기억해 두렴.

　　1988년에는 재산을 털어서 '한글문화원'이라는 연구 기관을 만들어 후배와 젊은이들이 계속 한글과 한글의 기계화를 발전시킬 수 있는 기틀을 마련해 주려고도 했어.

공병우는 그렇게 평생 자신이 할 수 있는 최선을 다해 많은 것을 이루어 냈어. 의사로서도 최고의 자리에 올랐고, 발명가로서도 최고의 성과를 냈을 뿐만 아니라, 여러 가지 방법으로 돈도 많이 벌었어. 하지만 그렇게 이루고 얻은 것들을 혼자 움켜쥐고 독점하려고 하지 않고 더 많은 사람, 더 딱한 사람과 나누려는 마음을 한순간도 잃지 않았어.

안과 의사로서도, 한글 타자기 발명가로서도 우리나라 최고로 꼽히는 공병우에게는 늘 마음 한구석에 걸리는 것이 있었어. 바로 자신의 능력으로도 어찌할 수가 없는 시력을 잃어버린 시각장애인들이었지.

병원에서 환자들을 돌보다 보면, 거뜬히 병을 고치고 병원 문을 나서는 이들도 있었지만 심하면 결국 시력을 잃고 좌절하는 사람들도 많이 볼 수밖에 없었어. 물론 앞을 볼 수 없다는 것은 그것만으로도 굉장히 불편하고 힘든 일이기도 했지만, 시각장애인들의 고통을 더 심하게 만드는 것은 장애인을 천하거나 더러운 사람처럼 대하는 우리나라의 잘못된 문화였어. 그렇게 장애인을 천대하고 무시하는 문화가 깔려 있다 보니 장애인들이 조금이라도 덜 불편하게 생활하게끔 도와주는 기술이나 배려도 많이 부족할 수밖에 없고 말이야.

지금은 많이 사라졌지만, 그 시절만 하더라도 아침에 거리에서 시각장애인을 만나면 '재수가 없다.'고 침을 뱉는 사람이 많았고, 시각장애인이 말이라도 걸면 욕을 하는 사람까지 있었지. 심지어는 어느 시각장애인 가수가 텔레비전에 출연해 노래하는 모습을 본 권력자

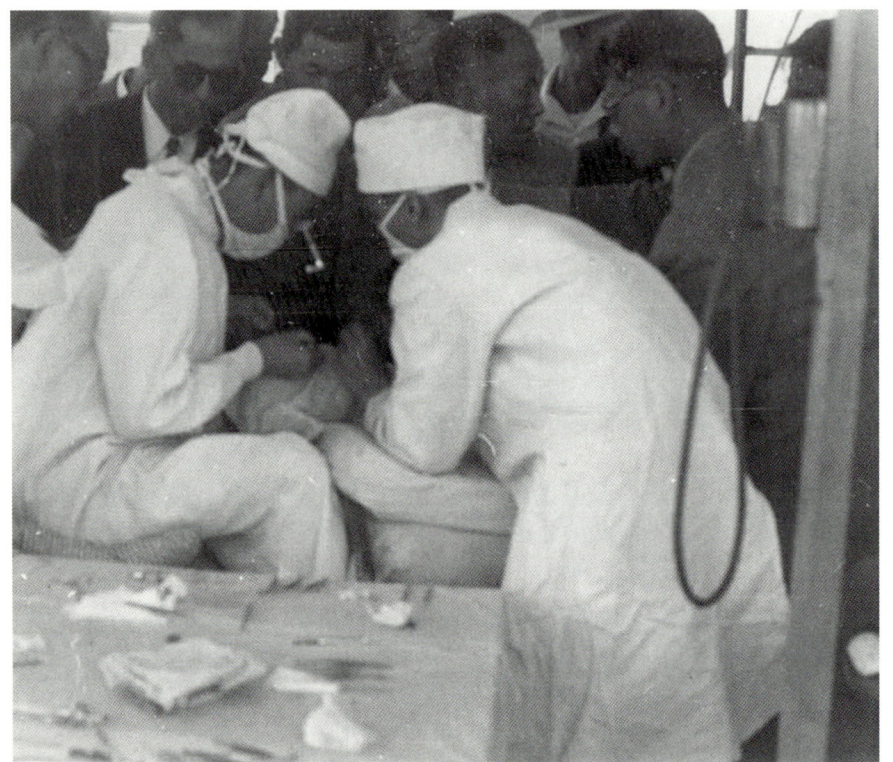
공병우 박사가 형편이 어려운 사람을 위해 무료로 개안 수술을 하는 장면.

가 '재수가 없으니 빼라.'고 하는 바람에 그 가수가 몇 년 동안이나 방송 출연을 정지당한 서글픈 일도 있을 정도였어.

그런 시절이었으니 안과를 찾았다가 '도저히 시력을 회복할 수 없다.'는 진단을 받은 환자의 마음은 얼마나 절망적이었겠니? 그 자리에 주저앉아 통곡을 하고 발버둥을 치는 사람이 대부분이었지. 그런 모습을 늘 가슴에 담아 두었던 공병우는 병원 경영과 타자기 사업을 통해 모은 적지 않은 돈을 자기 자신과 가족들을 위해 쓰기보다는 바로 그런 시각장애인들을 위해 써야겠다고 생각했어.

공병우가 자신의 것을 나누어 기부하기 시작한 것은 이미 오래전부터였어. 일제강점기 때 처음 한글의 소중함을 일깨워 주었던 스승 이극로를 비롯해 많은 한글 학자들을 후원했고, 해방 뒤인 1949년에는 한글학회에 직접 3만 4천 평이나 되는 넓은 땅을 기부해 한글 연구가 자리 잡을 수 있도록 지원하기도 했어.

제목을 '공한체'로 쓴 공병우 박사의 자서전. 공한체는 공병우 박사와 한글 디자이너 한재준이 개발한 글꼴이다.

시각장애인들을 위한 활동을 본격적으로 시작한 때는 1960년대 중반 무렵이었는데, 1966년 봄에는 천호동에 있던 땅 50여 평을 라이온스 클럽에 기부해 병동을 세우고 돈이 없어서 안과에 가지 못하는 가난한 사람들을 위해 무료 진료 활동을 벌였어. 그곳에서 공병우는 실명한 사람에게 시력을 되찾아 주는 개안 수술을 다섯 차례나 집도하기도 했지.

한글 문화 개발 공로로 외솔문화상을 수상한 공병우 박사.

　정부의 잘못된 자판 표준 선정에 맞서 싸우는 와중에도 1971년에는 점자 타자기를 개발해 시각장애인들도 타자기를 사용할 수 있도록 했고, 그 이듬해인 1972년에는 성내동에 있던 자신의 땅 천여 평에 건물을 지어 '맹인 자활센터'를 세우기도 했어. 시력을 잃으면 직업도 가질 수 없어 극심한 가난에 시달릴 수밖에 없던 이들을 위해 직업교육을 시켜 주고 직장도 알선해 주는 일을 도왔던 거야.
　그렇게 시각장애인들을 만나고 그들을 돕는 일을 하다 보니, 공병우는 시각장애인뿐만 아니라 딱한 처지에 놓인 장애인들이 많다는 사실을 새삼 실감하게 됐어. 그래서 1973년에는 다시 고척동의 땅 3천 평을 내놓아 '무궁화촌'이라는 마을을 건설하기도 했어. 힘들고 딱한 처지에 놓여 있던 지적장애인들을 모아 돌보고, 나름대로 할 수 있는 일을 찾아 계발해 주는 곳이었지.

이렇게 하나하나 떠올리는 것만으로도 엄청나다는 생각이 들 정도야. 그렇게 많은 것을 이루며 살 수 있었던 힘은 무엇이었을까? 원래 남들보다 부지런해서? 욕심이 많아서? 물론 그런 면도 있겠지만, 그보다도 중요한 것이 있을 거야. 아마도 이웃의 고통을 외면하지 못하는 마음, 그리고 자신의 힘으로 이웃의 어려움을 덜어 줄 때 느끼는 즐거움 같은 것들 말이야. 사람들은 흔히 자신에게 이익이 되지 않는 일이면 하지 않으려 하고, 자신이 할 수 없는 일이라고 쉽게 생각해 버리곤 하잖아. 하지만 그냥 외면하거나 포기하지만 않는다면, 그리고 끊임없이 노력하기만 한다면 얼마나 많은 일들을 해낼 수 있는지 공병우는 몸소 보여 준 거야.

## 고집불통 괴짜 발명가의 멋진 삶

1995년 3월 7일, 만 88세의 나이로 공병우 박사가 세상을 떠날 때 마지막으로 남긴 말이 무엇이었는지 아니? 바로 '내 무덤을 만들 땅에다가 차라리 콩을 심어라.'였대. 자신의 죽은 몸을 누이고 꾸며 봤자 아무에게도 도움이 되지 않으니, 차라리 콩을 심고 거두어서 배고픈 사람에게 먹이는 게 훨씬 낫다는 이야기지.

공병우 박사는 평소에 쓸데없는 겉치레를 가장 싫어했어. 늘 효율성과 실용성을 우선으로 챙겼어. 실제로 사람들에게 도움이 되는 것을 가장 중요하게 여겼던 거야. 심지어는 아들 결혼식에서 며느리에게 절을 받는 폐백 시간이 아까워서 얼른 악수를 한 번 하는 것으로 대신하자고 해서 하객들이 당황했던 적도 있었어.

1950년대 중반에 미국 여행을 다녀온 뒤에는 그곳의 실용적인 분위기에 푹 빠져서 한국으로 돌아와 모든 것을 실용적으로 개조하는 데 몰두한 적도 있었어. 우선 집을 모두 미국식으로 개조했는데, 다들 마당 한구석에 만들어 두었던 화장실을 집 안으로 끌어들여 수세식으로 개조하고, 문턱을 모두 잘라 내 발이 걸려 넘어지는 일이 없게 만들기도 했어. 또 부엌과 안방 사이의 벽에 구멍을 뚫어 부엌에서 만든 음식을 구멍을 통해 곧장 안방으로 옮길 수 있도록 했는데, 부엌에서 차린 음식을 큰 상에 담아 들고 안방까지 옮기느라 고생하던 것을 없애기 위해서였어. 사람들은 집 안 모양을 이상하게 망쳐 놓는다고 흉봤지만, 남들의 시선보다는 그 집에서 살아가는 사람들의 불편을 조금이라도 줄이는 것이 가장 중요하다고 생각한 공병우 박사의 가치관이 녹아 있던 일이었지.

물론 너무 실용적이고 효율적인 것에만 집착하고, 무조건 빠른 것에만 매달리다 보면 중요한 것을 놓칠 때도 있어. 우리나라 사람들이 한때 '빨리빨리 병'에 걸려서 건물이든 도로든 세계에서 제일 빠르게 지었다고 자랑하다가 결국 얼마 지나지 않아 무너져 내리거나 부실 공사로 밝혀져 오히려 망신 당한 일도 있었던 것처럼 말이야.

하지만 공병우 박사의 삶은 남들을 쥐어짜고 부려 먹으면서 이룬 것이 아니라, 스스로 노력하고 집중해서 이룬 것을 이웃들과 나누었다는 점에서 다르다고 볼 수 있을 거야. 공병우 박사는 평생 일 속에 파묻혀 바쁘게 살았지만, 그 덕에 많은 사람들이 더 풍성한 문자 생활을 누리며 여유로운 삶을 즐기게 되었으니 말이야.

20세기의 마지막 해 1999년에 특허청에서는 '한국 역사상 가장 위대한 발명가 7인'을 선정해서 발표했어. 그 일곱 명의 위대한 발명가가 누구였을 것 같니? 아마 하나하나 다 고개가 끄덕여지는 이름일 거야.

한글을 창제한 세종대왕, 그 세종대왕을 도와 해시계, 물시계 등 수많은 발명품을 남긴 장영실, 거북선을 만든 이순신, 정조 시대에 수원성을 쌓는 데 활용한 거중기를 비롯해 많은 발명품을 남긴 정약용, 우리나라 최초로 천연두를 치료하는 종두법을 개발한 지석영, 육종학의 힘으로 배추와 무 같은 채소들의 우수한 종자를 만들어 해방 직후 배고픈 한국인들을 먹여 살렸던 우장춘이 바로 그들이야. 그리고 마지막 일곱 번째가 바로 한글 타자기를 개발해 한국인에게 더 쉽고 폭넓은 문자 생활을 선물한 공병우 박사야.

어쩌면 그 일곱 명 중에서 가장 낯선 이름이 공병우일지도 몰라. 이 책의 맨 앞에서 우리나라의 문맹률이 세계에서 가장 낮다는 것이 굉장히 큰 자랑거리라는 이야기를 했던 것 기억나지? 낮은 문맹률이 민주주의의 발전, 과학과 문화의 발전에 중요한 영향을 미친다는 것도 잊지 않았을 거야. 바로 그렇게 모든 사람들이 글을 읽고 쓸 수 있는 것은 세종대왕이 만든 한글이 훌륭하기 때문이지. 하지만 불과 60여 년 전까지만 하더라도 우리나라 역시 문맹률이 80%나 됐다는 사실은 잘 몰랐을 거야. 지식과 문화를 독점해 쉽게 특권을 누리려고 한글을 무시하고 천대하던 지식인들 때문에, 또 우리의 문화와 정체성을 완전히 지워 버리려고 했던 일본 제국주의의 억압 때문에 한글이라는 우수한 글자가 빛을 보지 못했던 것이지. 그런데 그 한글을 기계화해 쉽고 빠르게, 많이 쓰고 읽을 수 있도록 하는 일에 앞장선 사람이 바로 공병우 박사라고 정리한다면, 그 훌륭함과 고마움이 더 쉽게 느껴질 수 있겠니? 공병우 박사의 업적은, 아마 앞으로 너희들이 자라면서 점점 더 많은 책과 글을 읽고 쓰게 되면 더 절실하게 느낄 거야.

분명한 소신을 가지고 최선을 다해 노력하는 삶, 작은 성공에 만족하지 않고 더 큰 목표를 향해 매 순간 스스로를 채찍질하는 성실함, 하지만 그 모든 것보다 공병우라는 이름을 더욱 빛나게 하는 것은 그렇게 이룬 성공과 성과들을 혼자 독점하지 않고 많은 이웃들과 나누려 했던 마음이라는 것도 잊지 말아야겠지.

이쯤에서 공병우 박사의 삶에 대한 이야기를 마칠까 해. 혹시 더 자세한 이야기를 알고 싶은 친구들은 공병우 박사가 직접 쓴 자서전 『나는 내 식대로 살아왔다』라는 책을 읽어 보는 것도 좋겠어.

이 책에서 들려준 공병우 박사 이야기가 너희들이 조금 더 분명하고 높은 목표를 세우고, 최선을 다해 노력하도록 하는 힘이 되면 좋겠어. 그리고 무엇보다도 혼자만의 성공을 바라는 것이 아니라, 더 많은 이들과 나누는 삶의 태도를 본받을 수 있다면, 더 바랄 것이 없겠어.